JN098650

社会とつながる

行政法入門

第2版

大橋洋一

有斐閣

はじめに

　スーパーマーケットに行くと，「この大根は私が丹精込めて作りました」など，生産者のメッセージが掲げられています。この本も同様に，学生の意見に耳を傾けながら大切に作成しました。新聞やテレビで報道される事柄の多くは行政法と密接につながっていますので，こうした結びつきに気付くと，学習者は行政法が大好きになります。行政法学習の秘訣です。

　もっとも，そのためには，教科書のほかに，プラス・アルファの学習が必要でした。山の頂まで登り切った学生は，目の前に広がる素敵な景色と達成感で面白いと実感できた反面，途中で下山すると苦手意識が残ります。

　そこで，頂上から見る景色を最初から味わってもらいたいと考えて，本書を執筆しました。各講で具体的事件を扱うなかで，行政法の基礎を理解できるよう工夫しています。本文 170 ページ足らずの小さなテキストですが，大学で学んでほしい内容はすべて盛り込みました。

　初版公刊以降，多くの先生に導入教育の教材として利用していただきました。また，本書を復習に活用している法科大学院生に接したほか，公務員研修で利用している話も聞きました。中央省庁の官僚が読んでいたのには驚きました。おそらく，本書が現場に近く，市民の視点に立って生きた行政法を描いているからだと思います。改訂にあたっては，最新の内容を盛り込んだほか，新型コロナウイルス感染症の拡大や水害・土砂災害がもたらした制度変革も新しく書き下ろしました（**Chapter 10・11**）。有斐閣書籍編集部の佐藤文子さんには，新しい行政法を模索する本書を支援いただきました。

　本書が，行政法に親しみ，好きになるきっかけとなれば幸いです。

　2021 年 7 月

大　橋　洋　一

Chapter 10 **活かされなかった教訓**　82

●事実行為を学ぶ●

▊土砂災害から身を守る▊

Chapter 11 **ロックダウンは憲法違反？**　93

●行政上の義務の実効性確保を学ぶ●

▊パンデミックと新しい生活習慣▊

Chapter 14　少女の夢

●行政訴訟を学ぶ2●

‖保育所に通いたい！‖

Chapter 15　ごみ処理の悩み

●行政訴訟を学ぶ3●

‖カラスとダストボックス‖

Chapter 16　生活の糧を守る　　　　　　　　　　　　　139
　　　　　　　　　　　　　　　　　　　　●行政上の不服申立てを学ぶ●

▌役所に再考を迫る▌

Chapter 17　ピラミッド崩壊　　　　　　　　　　　　　149
　　　　　　　　　　　　　　　　　　　　　●国家賠償を学ぶ●

▌学校事故と損害賠償▌

Chapter 18　津波から命を守る　　　　158

●損失補償を学ぶ●

先人の知恵と多重防御

イラスト◉鈴木ヒロキ（3頁，5頁，23頁，73頁）

Chapter 1　ライフサイクルと行政法

1　市民生活と行政法

　行政法というと，受講生からは「なじみが薄い」といった感想をよく耳にします。たしかに，民法で学ぶ売買契約は日常的に経験していますし，刑法で学習する強盗，殺人などはニュースで頻繁に接します。同様に，憲法で学ぶ統治機構や人権，天皇制などは，中学校以来，社会科などでも折に触れて学習してきたものです。これに対して，行政法といわれても，具体的イメージがわかないかもしれません。しかし，少し注意してみますと，身の回りには行政活動や行政サービスが数多く存在することに気づきます。具体例を聞くと，知っているものも少なくないことでしょう。以下では，人が生まれてから成長し，学び，働き，死亡するまでのライフサイクルに沿って，行政活動が密接に関係している様子を説明します（かっこ内の法律名は，行政活動の根拠となる法律です）。個々の活動を覚える必要は全くありません。興味のある部分に目を通して，行政法が身近であることを感じ取ってもらえれば，それで充分です。

⑴　**出産・子育て**
　妊娠が判明して妊娠届を市町村長に提出すると，母子健康手帳が交付されます（母子保健法）。この手帳により，妊婦健康診査の受診券や補助券を受け取ることができます。このほか，妊婦が子どもの食事を作れない場合には，サポーターが家庭を訪問して買い物などを支援する事業が存在します。

　子どもが生まれると，生まれた日から14日以内に出生届を市区町村長に提出しなければなりません（戸籍法）。出生のほか，婚姻，養子縁組，死亡などの基本的身分関係は戸籍に登録されます（戸籍法）。**戸籍制度**は，国が国民の動態を把握するための制度です。他方，戸籍制度のおかげで，国民は，親族的な身分関係を公に証明してもらうことが可能となります（これを**公証**といいます）。戸籍法に基づき出生届が提出されると，市区町村長により**住民基本台帳**に登録がなされます（住民基本台帳法）。この仕組みにより，市区町村の行政機関は，選挙人名簿への登録，国民健康保険・国民年金・児童手当の事務，市町村民税の課税業務，印鑑登録証明の事務などを行い，多くの行政活動が円滑に執行されます。他方，市民は各種権利を行使することができ，住民票の写しを交付してもらうことで居住関係を公証してもらうことが可能となります。

　このほか，出産後には，子どもに各種の予防接種を無料で受けさせることができます（予防接種法）。また，子どもが中学校を卒業するまで，子育て支援として児童手当を支給する仕組みも存在します（児童手当法）。

(2)　学校に通う

　0歳児から小学校入学前までの子どもを預ける施設として，（施設基準等を満たし行政機関から認可の与えられた）認可保育所があります（児童福祉法，子ども・子育て支援法）。保護者が申請をすると，市町村により支給認定証が発行されます（もっとも，都市部では保育所が不足しているため，待機児童が存在します）。また，学齢に達した児童の保護者は，就学指定通知により，児童を公立の小学校，さらには中学校で教育を受けさせる権利を取得します。（公立のほか，私立学校も含めて）幼稚園から大学までの学校について，基本的な組織や教育内容，児童・生徒・学生の地位に関しては，学校教育法が詳細に定めています。

(3)　働　く

　働くうえで，適切な労働環境が不可欠です。例えば，過酷な残業によって労働者が過労死したり，健康を害することがないよう，労働時間や労働環境に関して，労働基準監督署による規制が行われています（労働基準法，労働安全衛生法）。仕事が原因で労働者が死亡した場合には，遺族に対して保険給付がなさ

れます（労働者災害補償保険法）。

　他方，仕事を通じて所得を得た場合には，市民の義務として，所得税や市町村民税を納めなければなりません（所得税法，地方税法）。税金は，行政活動を実施するための原資になるものです。市民が税金を滞納した場合には，強制的に取り立てられますし（国税徴収法），脱税に及べば，強制調査を受け，刑罰を科せられます（国税通則法）。

　景気変動などが原因で会社が倒産し，働く場を失うことがあります。そうした場合には，市民は，国（厚生労働省）が設置するハローワークを利用することができます。求職者は，就業相談（キャリアカウンセリング），就業に役立つ知識・スキルを習得するための各種セミナー，求人情報の提供などを通じて，就職活動に対するサポートを受けることができます（労働施策総合推進法，職業安定法）。

　市民が事業活動を行おうとする場合に，事前に許可を得ておくことが必要な場合が多数存在します。例えば，レストランや喫茶店などを営業するのであれば，知事の許可を得なければなりません（食品衛生法）。また，自動車を運転する場合には，運転免許を取得したうえで，交通ルールを遵守しなければなりません（道路交通法）。経済取引を行う際に，事業者には不公正な取引方法が禁止されています（独占禁止法）。具体的には，本来自主的に決められるべき商品価格や販売数量などを共同で取り決める行為（カルテル）や，公共工事などの入札前に受注事業者や受注金額を決めてしまう行為（入札談合）が禁止されています。違反には，課徴金や刑罰が法律で定められています。このほか，環境保護の観点から，工場が近隣に及ぼす騒音，振動，排水，排気などについて，規制の仕組みが存在します（騒音規制法，振動規制法，水質汚濁防止法，大気汚染防止法）。例えば，ばい煙を発生させる施設（ボイラー）の設置に関して，都道府県知事への届出が義務づけられ，排出基準に違反すると，改善命令や刑罰をうけることとなります。

　以上のほかにも，営業活動で，高速道路や国道を利用する場合もあれば，電車や飛行機，船舶を使うことも多いことと思います。出張先ではホテルの利用も必要となります。これらの局面でも，鉄道事業者の施設や運賃設定，航空機の安全航行，ホテルの構造設備や衛生面などに関して，規制が実施されています（鉄道事業法，航空法，旅館業法）。また，道路，港湾，空港の整備や管理も，主として行政機関によって行われています。公共の施設を整備するために必要な土地について，強制的な取得（これを収用といいます）が行政機関等に認められています（土地収用法）。

(4)　健康を保つ

　病気にかかったときには，病院に通い，場合によっては入院することが必要となります。現在の医療サービス体制では，担い手として，医師のみが診療や治療を実施できる仕組み（医師免許制度）となっています（医師法）。また，医療保険の仕組みによって，医療機関が厚生労働大臣の指定を受けることで，患者は窓口で保険証を提示すれば医療費を一部負担するだけで診察を受けることができます。医療保険には，複数の種類が存在します。民間の会社員は健康保険，公務員は共済といった職域保険に加入し，他方，いずれにも加入していない自営業者や退職者等は，（市区町村が運営する〔地域保険である〕）国民健康保険に加入しなければなりません（これを強制加入といいます。日本生命などの保険会社が提供する民間医療保険が任意加入である点と比較して下さい）。このように，国民全員をカバーする医療保険（国民皆保険といいます）により，収入に応じて保険料を支払えば，2割ないし3割の診察料負担ですむ仕組みが実現しているのです（健康保険法，国民健康保険法，国家公務員共済組合法など）。

　薬局では薬を入手できますが，こうした医薬品も事前に許可や承認を受けています。危険性の高い薬が流通して服用されることのないように，許可制等を通じて厳格に安全審査が行われています（医薬品，医療機器等の品質，有効性及び安全性の確保等に関する法律）。

　不運にして病気のために働くことができず，収入の途を失った場合には，生活保護というセーフティーネットが用意されています（生活保護法）。これは，健康で文化的な最低限度の生活を保障した生存権（憲法25条1項）を具体化し

た仕組みです。これによれば，福祉事務所（これは市に設置されていますが，町村では都道府県に設置されます）の窓口で申請すれば，資産調査を経て，最低生活費に不足する部分について金銭給付を受けることができます。

(5) 住 ま う

アパートやマンションを借りようとする場合には，街の不動産屋を訪ねることと思います。不動産業者が的確な情報提供や公正な取引を行うように，宅地建物の取引を行う業者について免許制度が設けられています（宅地建物取引業法）。こうした規制に守られて，皆さんは不動産にかかる契約を結んでいるのです。他方，低所得者向けに割安な賃料を設定して賃貸住宅を供給するシステムが存在します（公営住宅法）。都営住宅，市営住宅などの名称をもつ住宅です。収入基準などの申込資格を満たして入居が認められれば，同種同等の民間賃貸住宅に比べて低廉な家賃で居住することが可能となります。これは，住居という最も重要な生活基盤についてセーフティーネットを整備する仕組みです。

さらに，住居を建築しようとする者に対しては，建築案が建築法令に合致することを事前に確認する仕組み（建築確認）が存在します（建築基準法）。ここでは，建物自体の安全や衛生について定めた法律規定（単体規定といいます）に適合するか，地域の特色や道路との接道義務など（建物と都市の関係）について定めた法律規定（集団規定とよびます）に合致するかが審査されます。地域の特色（住居専用地域，商業地域など）や許容される建物のボリュームなどは，都市計画で定められています（都市計画法）。

市町村により設置・管理された水道や下水道を通じて，水の供給や汚水処理が行われます（水道法，下水道法）。これに対し，電気やガスなどは民間事業者によって供給されますが，市民が確実かつ安定的に供給を受けられるように，行政規制が存在します。具体的には，事業者に供給義務を課すことや，合理的な価格で提供するように料金規制（行政機関が料金をチェックする認可制）が実施されています（ガス事業法，電気事業法）。また，家庭から出るごみやし尿（これを一般廃棄物といいま

す）は，原則として市町村の責任で収集・運搬・処理がなされています。他方，工場から排出される産業廃棄物については，事業者が処理責任を負います。事業者は，自ら処理するか，許可を受けた処理業者と契約を締結して処理させなければなりません（廃棄物の処理及び清掃に関する法律）。産業廃棄物の処分場を設置する場合には，知事の許可が必要となります。

　生活空間には緑のスペースが欠かせません。こうした観点から，市町村によって都市公園が整備されてきました（都市公園法）。都市公園は，オープンスペースを提供するほか，運動施設，福祉施設，集会所などを備えた複合施設として発展してきました。他方，市町村のシンボルとなる城や古墳の整備・保存が市町村により進められています。これにより，市民は，史跡を回遊して土地の歴史や文化と親しむことが可能となります（文化財保護法）。あわせて，史跡等に対するビューポイントを保護するための規制や史跡等と調和した街づくりも行われています（景観法）。

(6)　災害に備える

　わが国は，地震多発地帯に位置し，多くの地震被害を受けてきました。また，長い海岸線をもつことから，津波の被害も受けました。国土の勾配が急であるために，土砂災害も頻発しています。加えて，台風シーズンには多数の台風が襲来します。多くの自然災害の経験を踏まえて，市民の生命や生活を守るために，各種の行政施策が実施されています（災害対策基本法，土砂災害警戒区域等における土砂災害防止対策の推進に関する法律等）。具体的には，地震予知等の地震対策，津波に対する防災，土砂崩れに対する措置，洪水対策としての河川整備，災害情報（避難準備情報・避難指示）の提供，避難先の確保，災害復旧などです。

(7)　パンデミックに対応する

　2020年に新型コロナウイルス感染症が世界的に蔓延しました。市民の生命や健康を守るために，検疫を行い海外からウイルスが国内に流入することを防止したり，海外との渡航を制限することが行われました（検疫法）。感染症にかかった患者を隔離して治療を行う一方で，保健所が濃厚接触者などにPCR検査を実施したり，専門病棟の確保を進めます（感染症法）。また，ワクチンの輸

入や全国におけるワクチン接種計画の実施など，感染症拡大に対応する様々な
措置が講じられています。他方で，感染拡大を防ぐために，緊急事態宣言が出
され，飲食店の営業自粛を要請・制限したり，外出自粛，大規模なイベントの
自粛を呼びかけることがなされます（新型インフルエンザ等対策特別措置法）。生
活面では，3密（密閉，密集，密接）を避ける，新しい生活様式が要請されます。
非接触，非対面を重視して，会社に対してはテレワークが，学校に対してはオ
ンライン授業が推奨されました。税金の申告では，オンライン申請などが活用
されています。営業自粛に対しては，協力金や営業支援金が国などから支給さ
れます。オンラインの普及とともに，東京一極集中が見直され，地方居住や郊
外移転，本社機能の地方移転が進みました。上に挙げた感染症対策は，国や自
治体を中心に実施されています。

(8) 老後のリスクに対処する

　退職後には，若い時のようには働けないため，以前のように所得を得ること
ができません。それを定期的に補うために，年金制度が存在します（年金の中
でも，これは老齢年金とよばれるものです）。すべての国民に老後の生活保障を行
う目的で，国民年金の仕組みが整備されました。国民年金は，日本に住んでい
る20歳から60歳までの者すべてに，加入が義務づけられたものです。これを
基礎に，民間の会社員や公務員等は厚生年金に加入するなど，2階建ての年金
制度が整備されています。65歳に達すると，厚生労働大臣の裁定を得て老齢
年金の支給が開始されます。
　福祉の仕組みとしては，対象者別に，身障者福祉，児童福祉，高齢者福祉な
どが存在します。都道府県や市町村によって各種給付が提供され，自立した生
活が可能となるよう支援が行われています。高齢者福祉を例に挙げますと，高
齢者が市町村に申請して要介護認定を受けると，ヘルパーが自宅を訪問して介
護や入浴サービス等を提供する居宅サービスや施設サービスなど，事業者によ
るサービスを受けることができます（介護保険法）。サービスの組み合わせや選
択については，ケアマネージャーが相談にのってくれます。要介護認定を受け
た場合には，介護サービスを利用するための金銭が（給付上限額の範囲内で）市
町村から事業者に支払われます（そのうえで，利用者は費用の一部を負担していま

す）。このように，以前はもっぱら家族で担っていた介護について，公共による支援が行われ，高齢者は自立した生活を送ることが可能となっています。

(9) 旅 立 ち

同居の親族などは，死亡の事実を知った日から7日以内に，死亡地で死亡届を提出しなければなりません（戸籍法）。市町村の中には，火葬場や霊園を運営しているところもあります。また，埋葬や火葬について行政規制が存在するほか，墓地，納骨堂又は火葬場の経営について，許可の仕組みが採用されています（墓地，埋葬等に関する法律）。

2 多様な行政活動と行政主体

本講の冒頭では，市民のライフサイクルに即して，行政活動を挙げてみました。実に多くの行政活動が身近に存在していることに，驚いたことと思います。このように，行政活動はきわめて多種多様であって，行

図表1 行政活動の3類型

行政活動┬── 規制行政
　　　　├── 給付行政
　　　　└── 調達行政

政法を学ぶ場合には，これらを対象にしなければなりません。もっとも，多様には見えても，行政活動をいくつかのグループに区分することは可能です。第1のタイプは，市民の自由や活動に対して，行政機関が規制を行う類型です。禁止をするもの，命令を行うものなどが，ここに属します。これらは，**規制行政**とよばれます。第2のタイプは，行政機関が市民に対して，金銭や各種のサービスを提供する類型（金銭給付と現物給付）です。これらは，**給付行政**とよばれています。第3のタイプは，行政活動の原資として，税金や保険料を徴収したり，公共用地を調達する類型です。**調達行政**とよばれます。

行政活動は内容が多様なだけではなく，それを担う主体もまた多数に及ぶ点に注目して下さい。例えば，（国の行政機関である）厚生労働省のトップである厚生労働大臣が行う場合もあれば，都道府県知事が行うもの，市町村長や（東京23区の）区長が行うもの，さらには，公共組合や公社が行うものなど，多くの主体が役割を分担しています。道路を建設・管理する場合でも，高速道路や基幹の国道では，国の出先機関である関東地方整備局などが管理しますが（こ

れを国の**直轄行政**といった言い方をします），都道府県や市町村の道路部門が担当する場合もあります。このほか，行政活動を行う権限が私人にゆだねられる場合や，非営利の団体である NPO（Nonprofit Organization）を活用する場合もあります。近年では，国や地方公共団体が行ってきた事業を民間の会社にゆだねる**民営化**も進められてきました。

3　社会認識の目を養う

　多様な行政活動が皆さんの眼に映らなかった理由を考えてみましょう。

　日本人は，魚介類を好んで食べることから，魚について多様な名前をつけて区別しています。これは，関心が強い分だけ，分類が進んだ結果です。他方，羊や牛を常食としてきた国では，多様な名称を用いて食肉の部位が区別されていることに驚きます。同じことは，行政活動についてもいえます。この本と出会う前の皆さんにとって，行政や行政法など，さして関心もなかったかもしれません。しかし，**1**で掲げた諸活動が行政活動として恒常的に行われ，皆さんの生活と密接に関わり，様々な形で規制や支援を行っていることに気づくと，翌日からは，ニュースや電車の中での会話などが，異なって見えたり，聞こえてきます。これは，皆さんが行政活動への意識を高め，社会認識の目を養ったことの成果です。行政法は公務員を目指す人のものでもなければ，生活の糧を得るための手段（「パンのための学問」）でもありません。民間企業に進む人，芸術家や起業家を目指す人，農林水産業に従事する人も，社会のあり方について関心を高めて下さい。本書は，そのお手伝いをいたします。

> ### Coffee Break　人口減少社会と行政法
>
> 　行政法の仕組みは，時代の変化に応じて変化せざるをえません。現代社会は複雑性を増していますが，大きな変化の要因は，わが国の人口が今後一貫して減少に向かうという点です。産業化や医療・公衆衛生の向上等により，約 100 年かけて 1 億人超まで倍増してきた人口は，再び 100 年をかけて 5000 万人を切るまでに減少することが予想されています。今後は，**少子超高齢社会**に適合した行政システムを構築しなければなりません。

Chapter 2 ごみ屋敷対策

観光地に現れたごみ屋敷

A市は，由緒ある温泉観光地として人気を集めています。ところが，温泉街に位置する旅館は10年前に廃業し，その後，空家となった建物が放置されたため，現在ではたくさんのごみが投棄されています。地域住民から市に対して，景観や防犯の問題，さらには環境上の問題など，多くの苦情が寄せられました。市の職員は建物の所有者に面会しましたが，所有者はごみ等の撤去に同意しません。この建物は，国道や鉄道に面しているために，観光都市であるA市にとって，観光客への悪影響が懸念され，早急に対応すべき問題となっています。市の環境政策課では，B課長を中心に会議が開かれ，職員から様々なアイディアが出されました。

Cさん「所有者に対してカウンセリングを実施するとか，専門知識の提供を行うほか，市長名で撤去をお願いしてはいかがですか。」

Dさん「所有者は撤去したいという気持ちはあっても，経済的に厳しいのだろうから，市が撤去費用を補助するなど，支援を持ちかけて撤去を進めてはどうですか。」

Eさん「いや，私は公金の投入には反対です。市は財政難です。放置された旅館が近隣に悪影響を明確に与えているのですから，市長名で撤去命令を出すべきで，強制撤去を図るべきです。」

Fさん「そこまで強行に臨むのなら，罰則の仕組みを整備して適用する方が良いと思います。」

Gさん「いいえ，市民に対して刑罰というのは，市の政策としてイメージ

が悪すぎます。むしろ，市がごみの撤去を要請したけれど従ってもらえませんでしたと，不服従の事実なり所有者氏名をホームページに掲載する方法はいかがですか。」

本講では，A市がこうした諸提案を具体化するうえで，検討すべき課題を扱います。特に，行政活動を議会によるコントロールの下に置く法治主義について学習します。

1　問題の発見

図表1　政策の実現プロセス

問題発見 → 政策課題の設定 → 政策実現手段の選択

冒頭事例に紹介したような課題は，現実には数多く存在します。新しい政策課題の発見は，市民からの苦情を発端とすることもあれば，事件や事故が発生して表面化する場合，さらには，日々の行政運営の中で職員が問題を発見する場合など多様です。もっとも，発見された課題のすべてが実現するわけではありません。というのも，限りのある職員数や予算，さらには時間の制約もあって，政策課題の中で優先順位が付されるのが通例だからです。つまり，優先度が高いと判断された場合に限り，その課題が実現に向けて検討されるのです。本件では，ごみ撤去という政策課題が重点項目に選定されたところから，話はスタートしています。

2　北風と太陽

図表2　多様な行政活動

- 行政活動
  - 授益型の手法
    - 助言・勧告，福祉的措置
    - 補助金
  - 規制型の手法
    - 撤去命令
    - 罰則
    - 不服従事実の公表

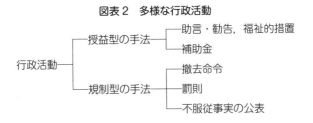

　政策を実現するための手法は，決して1つではありません。山登りでも頂上に至るためのルートが複数あるように，政策実現の道筋も2つ以上存在するのが普通です。冒頭事例でも，職員から様々な提案がなされていました。提案の内容は多岐にわたりますが，大きく分けて2つの系統があるように思います。イソップ童話の北風と太陽の話を思い出して下さい。旅行者のコートを脱がせるという目的をめぐって，強風によってコートを吹き飛ばそうとする強行派と，暑い日差しにより脱がせようとする穏健派の2つのアプローチがありました。A市の会議でも，説得や福祉的措置で対処しようとするCさん，補助金を交付して撤去を促そうとするDさんは，いわば太陽派の政策手法を主張していました。これに対して，撤去を命令すべしとするEさん，刑罰派のFさん，不服従事実の公表を主張するGさんなどは，北風派の手法を主張しています。行政法では，こうした太陽派の手法を**授益型の手法**，北風派の手法を**規制型の手法**とよびます（もっとも，童話とは異なり，行政法では太陽派が勝るといった教訓は存在しません。2つのアプローチは，場面に応じてそれぞれが有効です）。

3　制度設計に挑戦しよう

　職員の提案が実現するためには，提案はルールとして明文化される必要があります。様々な提案を受けて，B課長は各職員に自らの提案を条文の形で示すよう要請しました。以下では，皆さんも法制担当の職員になった気分で，各職員の提案条文を審査して下さい。

　　Cさんの提案（指導又は勧告を提案）
　第○条　市長は，土地等が不良な状態にあると認めるときは，所有者に対して，期限を定めて，不良な状態を解消するために必要な指導又は勧告を行うことができる。

　　Dさんの提案（補助金の交付を提案）
　第○条①　撤去費用支援補助金の支給を受けようとする者は，申請書に必要書類を添えて，市長に申請しなければならない。
　②　市長は，前項の規定による申請があった場合において，△条に規定す

る条件を満たすと認めたときは，撤去に要する費用の2分の1を限度に
補助金を交付するものとする。

Eさんの提案（撤去命令を提案）

第〇条　市長は，土地等が不良な状態にあると認めるときは，土地等の所
　　有者に対して，期限を定めて，ごみ等の撤去その他不良な状態を解消す
　　るために必要な措置をとることを命ずることができる。

Fさんの提案（罰則を提案）

第〇条　第△条の規定に違反して，不良な状態を解消する措置をとらなか
　　った土地等の所有者は，10万円の罰金に処する。

Gさんの提案（不服従事実の公表を提案）

第〇条　市長は，土地等の所有者が，正当な理由なく撤去勧告に従わない
　　ときは，その事実及び所有者の氏名を市のホームページ等で公表するこ
　　とができる。

4　岐路に立つ

図表3　2つの準則

```
             ┌─ 条例：地方議会による制定　＝　立法（機関の）活動
2つの法形式 ─┤
             └─ 要綱：行政機関による制定　＝　行政（機関の）活動
```

　様々な条文案を前に，B課長は大きな問題について決断しなければなりませ
ん。それは，どのような法形式を用いて実現するかという問題です。簡単にい
いますと，法形式として2つのものが存在します。

　1つは，**条例**とよばれるものです。これは，地方議会（都道府県議会や市町村
議会）が制定する成文法規で，国でいえば法律に相当します。A市の場合には，
A市議会が条例を制定します。この手法を選択する場合には，市議会議員の
了承をとらなければならず，行政機関だけでは実現できません。B課長は市議
会議員に事前説明をしたり，議会でとりあげられるように根回しを行うことが
必要となります。その後，この問題は市議会でオープンに議論されることとな
ります。それが機縁となって，マスコミの報道対象となります。

　もう１つの形式は，**要綱**とよばれるものです。これは，一般に，行政機関限りで作成することができるルールです。つまり，市議会の関与は不要です。

　皆さんがＢ課長の立場にあったら，どちらを選択しますか。おそらく，要綱を選ぶだろうと思います。なぜなら，要綱であれば，面倒な議会手続を必要とせず，粛々と作成を進めることができるからです。しかし，実際には，先ほどの条文案すべてを要綱で定めることはできません。なぜならば，議会の承認を得ておかなければならない事項が含まれているからです。これは，**法治主義原則**の要求するところです。Ｂ課長の悩みを理解するために，法治主義について学習することとしましょう。

5　代表なくして課税なし

図表4　法治主義原則

```
法治主義 ┬ 法律の優位原則（　議会制定法　＞　行政活動　　　　）
         └ 法律の留保原則（　≒　罪刑法定主義，租税法律主義　）
                            （憲法31条）　　（憲法84条）
```

　法治主義の考え方はヨーロッパにおける市民革命で確立し，明治期以降，日本に導入されました。内容としては，国王が権力を濫用して市民の命を奪ったり，市民から税金を恣意的に取りたてたことへの反省として，２つのルールが形成されました。１つは，国王（行政権を行使する者です）といえども，市民の代表からなる議会の決定に服すというルールです。その結果，議会制定法と行政決定が相違した場合には，議会制定法が優位するものとされました。これは，**法律の優位原則**とよばれます。２番目のルールは，特定の行政活動は，議会の事前承認を必要とするというものです。例えば，議会の事前承認がなければ，行政権は刑罰を科したり，課税してはならないのです（見出しに挙げた「代表なくして課税なし」とは，この原則を表したものです）。これは，**法律の留保原則**とよばれます。こうした考え方は，次に挙げる憲法条文にも表明されていますし，租税法では**租税法律主義**，刑法では**罪刑法定主義**として承認されています。

> ●日本国憲法
> **第31条**　何人も，法律の定める手続によらなければ，その生命若しくは

> 自由を奪はれ，又はその他の刑罰を科せられない。
> **第84条** あらたに租税を課し，又は現行の租税を変更するには，法律又
> は法律の定める条件によることを必要とする。

　法律の留保原則の中核にある考え方は，**侵害留保**とよばれるものです。つま
り，市民の身体や生命，財産に対して侵害を行う活動は，行政機関限りで行っ
てはならず，議会の事前承認を得なければならないという考え方です。

　ここまで学習したところで，冒頭事例に戻りますと，国民の生命・身体や財産
に侵害をもたらす活動は，法律の留保原則によって，議会制定法である条例にお
いて定められていることが要求されます。つまり，行政機関の策定する要綱で
は足りません。この原則を無視して実施された行政活動は，違法となります。

6 規律手段の選択

> （Q）　それでは，留保原則を前提として，CからGの提案の中で，どれが条例
> で規定されるべきか（＝どれが要綱で規定不可能か），検討して下さい。

　ここでは，侵害留保の基準で見ていくこととしましょう。まず，撤去命令や
罰則は，建物の所有者にとって財産権の侵害に該当しますから，議会の承認を
必要とします。したがって，**条例**で規定すべきであって，要綱で定めることは
できません。他方，指導・勧告は従うかどうかを相手方の任意の意思に委ねる
ものですし，補助金交付や福祉的措置は市民にとって利益となる活動ですから，
議会の事前承認を必要とせず，**要綱**でも規律可能です。

　ここまで説明しますと，教室でしばしば質問がでるのは，指導・勧告，補助
金交付，福祉的措置は要綱で規律できるとして，条例で規律することは禁止さ
れるのかという疑問です。議会の規律権限には，原則として制限がありません。
したがって，市議会の判断で，指導・勧告や補助金交付を条例で制定すること
は可能です。このように，議会は条例による規律を義務づけられていない事項
についても，条例で規律することは可能なのです。

　残された課題は，**不服従事実の公表**は条例で規定すべき事項かという問題で

図表5　規律可能事項

	指導・勧告	補助金交付	撤去命令	罰則	公表
条例	○	○	○	○	○
要綱	○	○	×	×	×

す。侵害留保の考え方が成立した時代には，行政による情報提供は議会が関与するまでもなく，行政機関限りで行うことができると考えられていました（つまり，要綱で規定可能です）。しかし，近時では，公表活動のもたらす不利益に着目して，侵害留保でいう侵害性を肯定できるのではないかという意見が強くなり，議会の事前承認を要求する見解が有力になっています。公表の影響は，公表された主体が民間事業者の場合には，経済的損失として現れますし，公表された主体が個人の場合でも，その社会的信頼は著しく低下してしまいます。この見解によれば，不服従事実の公表は条例で定めるべき事項です。

　以上の検討結果をまとめると，**図表5**のようになります。

Coffee Break　法律や条例は内容が大切

　法治主義のポイントは，議会が予め行政活動に対して制定法により指針を与え，それに基づいて行政活動が行われることにあります。もっとも，形だけ議会の事前承認があれば足りるという発想で抽象的な根拠が法律や条例に置かれると，法治主義は崩壊してしまいます。法律や条例は実質的な内容を定めなければならないのです（これを**実質的法治主義**といいます）。なぜなら，法律や条例の規定が充分な**規律密度**をもつことによって初めて，行政活動に対する議会統制が実現可能だからです。

　冒頭事例でいいますと，今回の政策によって解消を図るべき状態，つまり「不良な状態」について具体的に定めておくことが必要です。「悪臭や火災発生のおそれ等により，市民が日常生活をおくることがきわめて困難となる状態」などと，行政機関が介入すべき条件（これを**要件**といいます）について具体的に明示しておくことが大切となります。

7 適正手続（デュー・プロセス）

図表6 2つの適法性

2種類の法律 ──→ 行政実体法（要件, 効果を規律）
　　　　　　──→ 行政手続法（手続を規律）

　法律や条例には，大きく分けて2種類の規定が存在します（**図表6**参照）。1つは，どういった条件の下で，いかなる行政活動が行われるのかを定めるものです（これを**（行政）実体法**とよびます）。条件部分の規律を**要件規定**，行政活動の内容に関する部分を**効果規定**といいます。2つめの規定として，行政活動を進める場合の手順を定めたものがあります（手続を尊重した考え方を，**適正手続原則**とか**デュー・プロセスの要請**といいます）。行政活動が行われる手順について定めた規定を，**（行政）手続法**とよびます。

　不服従事実の公表措置を例にとりますと，公表が誤って行われると，公表後には取り返しがつかない事態となります。また，公表の決定は充分な情報に基づいて，公正に，専門的知見を踏まえて行われることが必要です。手続法の観点からは，公表の相手方に公表前に言い分を述べる機会を与えるとか，公表決定過程に外部の専門家を関与させるなどの補完措置が有効です。先のGさんの提案は，次のように2項や3項といった手続規定を補完することによって，改良を図ることができます。

Gさんの提案の改良条文（不服従事実の公表を提案）

第○条①　市長は，土地等の所有者が，正当な理由なく撤去勧告に従わないときは，その事実及び所有者の氏名を市のホームページ等で公表することができる。

②　市長は，公表に先立ち，土地等の所有者の意見を聴取しなければならない。

③　市長は，学識経験者などから構成される諮問委員会の意見を聴いたうえで，公表を行うものとする。

　法治主義などというと，机の上だけの議論のように思うかもしれません。し

かし，本講で見たように，政策課題を実現するうえでは，手段選択に関して法治主義の考え方は大きな役割を果たしています。本講では，条例を例に挙げましたが，法律を制定する場合にも同様の検討がなされています。

Coffee Break　空家対策法

　本講ではごみ屋敷問題を扱いましたが，全国では，所有者不明や相続の放棄などで空家として放置された建物が社会問題となっています。国のレベルでは，2015 年 5 月 26 日から「空屋等対策の推進に関する特別措置法」（以下「空家対策法」といいます）が施行されました。空家対策法により，行政機関の立入調査権が整備され（9 条 2 項），**図表 7** の①から④の措置が可能となりました（14 条 1 項〜4 項・9 項）。

　空家対策法では，固定資産税に関する情報を，空家対策のためにも利用可能とされました。これによって，市町村は迅速に所有者を特定することができ，労力を大きく省略することが可能となったのです。また，空家対策に協力的でない所有者に対して，実質的な増税措置を用意しました。つまり，勧告の対象になった②の段階で所有者が勧告に従わないと，敷地の固定資産税を減免する特別措置（これを**租税優遇措置**といいます）を止めて（従来に比べて）約 6 倍の固定資産税を課すことを可能としたのです（200 ㎡以下の小規模住宅用地の場合）（地方税法 349 条の 3 の 2 第 1 項・第 2 項）。

図表 7　空家対策法における行政手法

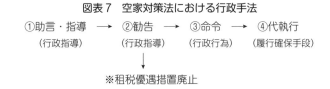

8　空き地対策を考える

　（応用問題）　これまで，ごみ屋敷など空家に関する政策をどのように実現するかを学習してきました。同様の問題は，空き地，特に管理の不全な空き地に関して生じています。市民からの苦情を見ても，雑草の繁茂，落ち葉の散乱，

草木の越境，害虫発生，ごみなどの投棄，土砂崩れや砂ぼこりなど，多様なものがあります（国土交通省『令和 2 年版 土地白書』84 頁参照）。国土交通省が2019 年に行った調査では，回答のあった 1029 市町村のうち，34.7% にあたる 357 市町村で空き地の利用や管理に関する条例を制定しています（同白書 91 頁）。あなたが，市町村の政策担当者だとしたら，どのような規定を盛り込むか，検討して下さい。

　図表 8 には，実際に空き地に関する条例を制定している市町村がどのような規制手段を盛り込んでいるのかを示しました。このほかにも，市町村では，ソフトな手段として，職員による見回りの実施，市民の意識啓発，除草業者の斡旋，草刈り機の貸し出し，助成，地域との管理協定締結，税の減免などが実施されています（同白書 90 頁）。このように，本講で学んだごみ屋敷対策と同様の政策や手法が空き地対策でも認められます。

図表 8　条例が規定する空き地の規制手段

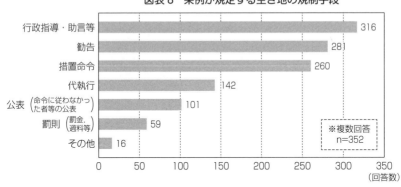

（出典）国土交通省『令和 2 年版　土地白書』91 頁

● 行政上の一般原則を学ぶ 1 ●

Chapter 3　一発レッドカード

生活保護法

一家のピンチ

夫と離婚したAは未成年の子ども4人を抱え，女手一つで生計を支えてきました。生活が苦しいため，生活保護を受給していました。受給の開始時に，市の福祉事務所長Bから，自動車の所有や借用を一切しないよう書面で指示されました。理由は，自動車が最低限度の生活にふさわしくない高価品である点にあります。もっとも，身体障害を抱える者，山間地などで地理的条件が厳しく自動車以外に交通手段がない者には，例外的に自動車の保有が認められています（詳細な条件は，生活保護法には規定されていませんが，厚生労働省の局長等が出した**通達**で定められています）。Aは，この例外条件を満たしておらず，自動車保有や借用が認められなかったのです。

その後，Aが福祉事務所を訪れた帰途，借用した自動車を運転しているところを，福祉事務所の職員Cにより発見されました。CはAを福祉事務所に呼び戻し，5日後に言い分を聴取する旨の通知書を交付しました。Aの言い分を聞いた後，福祉事務所長Bは，指示違反を理由にAの生活保護を廃止しました。生活保護法では，指示違反があった場合には，生活保護の変更，停止又は廃止をすることができると規定されています（62条3項）。他方，法律違反が

図表1　生活保護廃止のプロセス

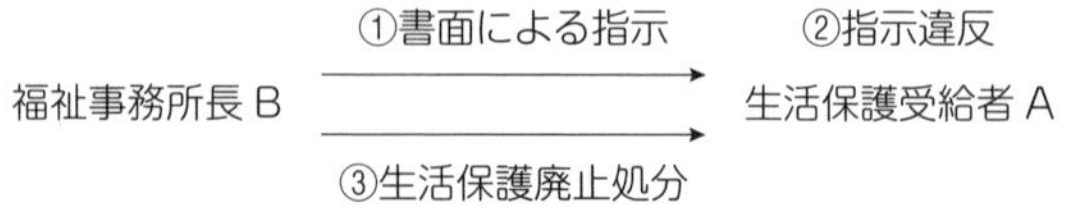
①書面による指示
②指示違反
福祉事務所長B
生活保護受給者A
③生活保護廃止処分

あった場合に，いきなり保護の廃止を行ってはならない旨の条文は存在しません。生活保護の廃止によって，Ａの家族は生活に行き詰まってしまいました。

今回は，行政活動に広く妥当する一般原則について学習します。

1 生存権と生活保護法

(1) 生活保護制度

●日本国憲法
第25条① すべて国民は，健康で文化的な最低限度の生活を営む権利を有する。
② 国は，すべての生活部面について，社会福祉，社会保障及び公衆衛生の向上及び増進に努めなければならない。

まず，生活保護の仕組みを概観します。憲法25条1項では「健康で文化的な最低限度の生活を営む権利」（生存権）が保障されています。これを具体化する法律として，**生活保護法**が1950年に制定されました。同法によれば，自らの資産で最低生活費をまかなえない者は，福祉事務所長に生活保護の希望を申し立てること（これを**申請**といいます）ができます（7条）。生活保護の実施権限は都道府県知事，市長及び福祉事務所を管理する町村長がもちます。この権限は一般に福祉事務所長に移されています（これを**権限の委任**といいます）（19条1項・4項）。福祉事務所長は，申請者の資産や収入，健康状態，稼働能力，扶養義務者による扶養の状態などを調査した後に，生活保護法や厚生労働大臣の定めた保護基準に基づき，生活保護を認めるか審査を行います。保護基準に合致している場合には，保護決定が申請者に通知され，生活保護が始まります（24条3項）。

(2) 生活保護の現状

生活保護の被保護者調査によれば，生活保護者数は1995（平成7）年の88.2万人を底に以後20年余にわたり増え続け，2021（令和3）年3月には205.3万人にまで到達しています（厚生労働省 Press Release 2021年6月2日）。

⑶ 保護の廃止

> ●生活保護法
>
> **第62条①** 被保護者は，保護の実施機関が……被保護者に対し，必要な
> 指導又は指示をしたときは，これに従わなければならない。
>
> ② （略）
>
> ③ 保護の実施機関は，被保護者が前二項の規定による義務に違反したと
> きは，保護の変更，停止又は廃止をすることができる。

　正当な理由がなければ，既に決定された生活保護は不利益に変更されること
はありません（生活保護法56条）。しかし，受給者が法律に基づく指導や指示に
従わない場合には，福祉事務所長は保護の変更，停止又は廃止を行うことがで
きます（27条1項，62条1項・3項）。

2　保護の廃止決定

　生活保護法62条3項は，福祉事務所長が当然にできることを念のために確
認した条文でしょうか（これを**確認規定**といいます），それとも，当該所長が保護
を廃止することができるように権限を新たに付与するための条文でしょうか
（これを**創設規定**とか，**授権規定**といいます）。*Chapter 2* で学習したように，法律
による行政の原理（特に，**法律の留保原則**）によれば，市民が有している権利や
地位を奪う場合には，法律の根拠が必要です。法律の根拠が存在しなければ，
行政機関は侵害措置を行うことができません（**侵害留保**）。Aが獲得した「生活
保護を受給することができる地位」を奪うのが保護廃止決定ですから，当該決
定を許容した上記規定が必要となります。

　生活保護の廃止決定を行うための条件は，法律に書かれています（これを**要
件**といいます）。生活保護法では，保護を廃止するための要件として，指示に従
う義務に違反したことなどが定められています（62条1項・3項）。それ以外の
要件は，同法の条文として定められていません。読者の中には，法定の要件だ
けを尊重すれば足りるのではないかと思う方がいるかもしれません。しかし，
行政法理論では，行政活動であれば当然に満たすべき一般的要請が存在すると
考えられています。それは法律に書かれていない場合であっても妥当します。

これが，**行政上の一般原則**とよばれるものです。かかる原則に違反した行政活動は，法律に定められた規定の違反と同様，違法となります。したがって，保護廃止決定は一般原則にも適合しなければなりません。

3 比 例 原 則

　生活保護法62条3項では，指示違反に対する措置として，①生活保護の変更（具体的には，月々の給付金額を減額する措置），②生活保護の停止（例えば，1カ月支給を止めるといった措置），③生活保護の廃止と複数の手段が並べられ，福祉事務所長に選択の余地が認められています（行政機関に認められる判断の余地を**行政裁量**とよびます。ここでは法律効果について行政裁量が認められていることから，特に**効果裁量**といいます）。減額，1カ月の停止，廃止を比べてみればわかるように，各手段の間には，Aの家族にもたらす影響の度合いに関して大きな違いがあります。このうち，冒頭事例では最も重い廃止措置が直ちに採用されました。読者の中には，厳しすぎるのではないかといった印象を抱いた方も少なくないと思います。こうした視点から発展した一般原則が，比例原則とよばれるものです。

　比例は算数や数学で学習したように，変数xが2倍になるのに対応して変数yも2倍になるといった具合に，2つの変数の間で均衡が保たれることを指します。行政法でいう比例とは，行政目的とそれを達成するための手段との間で均衡を保つという意味です。別の言い方をすれば，比例原則は，小さな違法行為にはそれに見合った小さな制裁措置を用いるべきであるという原則です。小さな違法措置に対して過剰な制裁手段を投入すれば，比例原則違反となります。昔，ドイツで行政法教科書を書いた先生は，
「雀を撃つのに，大砲をもってしてはならない」
と記して，比例原則を説いていました。現代の日本でも，人権保障の観点から比例原則は重視すべき原則です。

　比例原則は，行政機関が守るべき準則であるにとどまらず，立法機関をも含めて，公権力が遵守

すべき原則として確立しています（都道府県や市町村の議会が定める**条例**が規制的内容を定める場合にも，比例原則の遵守を説いた裁判例があります。これは，立法作用についても比例原則が妥当することを示す一例です）。

　生活保護法は，生活保護の廃止に関して比例原則を規定していません。しかし，明文の規定が法律に存在しない場合であっても，当然の要請として，行政機関は比例原則を遵守すべきであると考えられています。この点を指して，**不文の原則**と説明されることがあります（もちろん，立法者が法律で比例原則を明文化しても一向に構いません）。

　以上の知識を前提に，冒頭事例に即して，比例原則を見ることとしましょう。読者の中には，Aは義務に違反したのだから，生活保護の廃止もやむをえないのではないかといった厳しい意見をもつ方がいるかもしれません。他方，母子家庭5人から生活の糧を奪い取る措置を許容するほど，Aの義務違反は重大なものだろうか，という疑問も生じます。指示を遵守するよう反省を求める趣旨であれば，減額措置，1カ月の保護停止といった「より軽い措置」による対応でも足りたのではないか，生存権という重大な権利を奪う措置については慎重な対応が福祉事務所長に要求されるのではないかといった反論も考えられます。同様の事案において，直ちに保護を廃止した処分を違法と判示した裁判例があります（福岡地判1998（平成10）年5月26日判時1678号72頁）。

4　他の一般原則

(1)　平 等 原 則

　比例原則のほかにも，様々な一般原則が確立しています。例えば，行政機関は市民を等しく扱わなければならず，不合理に差別をしてはならないという**平等原則**が存在します。これは，憲法14条に基礎を置く原則です。

　行政機関が市民を差別するはずはないと思うかもしれません。しかし，人間が行うことですので，不合理な行動も決して稀ではありません。ある町で水道料金を決めたのですが，元々住んでいる人の料金に比べて，夏だけ別荘に来る人の料金を4倍近くに設定した例があります。別荘所有者の水道料金を，その町にあるホテル1件の平均利用額と同額にするという算定方式が用いられた結

果です。水道料金は原則として水道水の給水に要する原価に応じて算定されるべき性格のものです。したがって，大量消費者であるホテルと別荘所有者個人とを同じ料金とする給水契約は，不合理かつ差別的な内容であり違法です（最判2006（平成18）年7月14日民集60巻6号2369頁）。

(2) 信頼保護原則

　行政機関が市民に対して見解を公的に表示した場合には，市民はそれを信用して，行動に移すことは自然です。その場合に，あとから行政機関が先の見解をなかったことにすると言い出したら，市民はたまったものではありません。こうした「ちゃぶ台返し」をしないで下さいといった原則が，**信頼保護原則**です。例えば，市の職員が皆さんの自宅を訪問してきて，ある年金を勧めたとします。法律では皆さんは加入資格を欠いていたのですが，その職員は，皆さんの質問に答えて加入できる旨を明言しました。それを信じて10年以上，保険料をきちんと支払い，いよいよ年金がもらえると思って市役所に行ったら，奥から課長さんが法律集を持って出てきて，法律の加入資格を欠くから，あなたには年金は支払えませんといった場合を想定して下さい。皆さんは，年金を当てにして老後の生活設計をしてきたのですから，これでは将来設計は瓦解してしまいます。こうした場合に，仮に受給資格を欠いている皆さんへの支給が違法措置になってしまうとしても，信頼を優先して違法措置である年金支給をあえて認めるべきと考えられます。これを説くのが信頼保護原則です（東京高判1983（昭和58）年10月20日判時1092号31頁）。

　以上のほかにも，行政機関が権限を行使する場合に，その権限を濫用してはならないという**権限濫用禁止原則**も存在します。

●復習クイズ

　それでは，腕試しとして，3つの課題事例を紹介します。一般原則に違反して行政活動が違法と判断される余地があるのか，各自で考えて下さい。

　　① 市の教育委員会は，市立高校の教員が入学式や卒業式で国旗を掲揚し

た際に起立しない場合や国歌を斉唱しない場合に，懲戒処分を行うことを通知しました。それによると，1回目の違反では戒告（これは，注意をする措置です），2回目では減給，3回目には停職（これは，教員としての活動をさせない措置です）との基準が示されています。同市の市立高校教員Aは3回目の違反を理由に停職処分を受けました。

②　市の担当者は産業廃棄物処理施設の設置を希望している産業廃棄物処理業者Cの相談を受け，設置に必要な許可は問題なく付与される旨の回答をしました。そこで，Cは施設設置に向けて土地購入などを進めました。ところが，市議会で当該施設設置への反対意見が出たことから，市の担当者は態度を一転して，許可は難しい旨をCに伝えました。

③　ある県は同県出身の成績優秀な大学生に対して，授業料相当額の奨学金を支給することとしました。D君やその友人は平均点3.5の成績で支給を受けていたところ，平均点4のE君は，他の条件がD君たち受給者と遜色ないにもかかわらず支給を拒否されました。

〈復習クイズの考え方〉

①　地方公務員に対する懲戒処分は，公務員の非違行為の内容や程度に即して行われる必要があります。この事例では，起立や斉唱を行わない行為が比較的短期間のうちに累積すると停職という重大な制裁措置にまで機械的に至る点で，規制が重すぎると考えられます。このように，非違行為の内容・性質に不釣り合いな制裁措置がなされた点で，比例原則違反と解されます。

②　市の指導に従い設置許可申請の準備を進めてきた処理業者にとっては，市の担当者の行為は信頼保護原則違反と解釈することができます。また，市議会における反対意見の提起といった事柄は，産業廃棄物の処理施設設置を定めた法律に書かれていない事項であり，それを持ち出して許可を与えないことは，権限の濫用であり違法であると評価することも可能です。

③　E君よりも成績の劣るD君などが奨学金を受給している状況のもとで，E君のみが他の条件も含めて満たしているにもかかわらず支給を拒否されるのは，平等原則違反と解釈することができます。

Chapter 4 卑弥呼のライバル登場

道路法, 文化財保護法

古墳は街のシンボル

A市は道路整備事業のための道路用地99%を取得し, 道路工事は大部分が完成しました。残る工事区間は, 東海道新幹線高架下から国道1号線の交差点に至る約1キロメートルの区間だけです。この区間には, 既存道路の混雑を避ける自動車が抜け道として流入していました。そのため, 通学時の児童にとって大きな安全上の問題を惹起していたのです。

図表1 古墳と街路計画

市が未完成区間について文化財発掘調査を行ったところ, 西暦230年頃に築造された古墳 (前方後方墳) が発見されました (図表1参照)。墳丘の長さ62メートル, 高さ5メートルにも及ぶ大規模古墳の出現です。これは (弥生時代から) 古墳時代への移行を示す東日本最古級の古墳で, 時代としては西日本で卑弥呼が統一政権を確立していた時期に当たります。卑弥呼のライバルであった卑弥弓呼 (ひみhere) の古墳ではないかともいわれています。予定通りに工事を進めると, 墳丘の重要部分を崩したうえで道路が古墳上を通過することとなります。住民や考古学の学会からは, 原形保存を図るよう要望が提起されました。これを受けて, 市長は道路計画実施を凍結し, 史跡保護と道路整備の両立に向けて検討を行うことを表明しました。具体的には, 協議会を設置し, 市民に公開する形で, A市及び当該地区に見合った実現可能性のある案を複数作

成するよう指示したのです。

　この事例を素材に，市民参加の重要性のほか，透明性原則や説明責任原則といった新しい行政法原則について学習することとしましょう。

1　道路整備と史跡保護

　この事例に見られるように，行政施策をめぐり異なった利害が衝突することは決して少なくありません。本件では，一方で，道路の整備により，物流や人の移動を確保し，渋滞を解消するほか，通学児童などの歩行者を自動車から保護するといった利

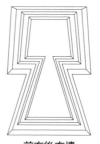
前方後方墳

前方後円墳

益が存在します。他方で，古墳時代初期の歴史的価値ある**史跡**を現地保存し，後世に伝えるといった利益も存在します。読者の中には，古墳を他の場所に移せばいいではないかと考える方がいるかもしれません。文化財保護法では，建築物や絵画，考古遺物などの有形文化財は，その物自体に価値があるため，移動が可能とされています。これに対し，古墳，貝塚，城跡などの史跡は，土地との結びつきが強く，本来の場所から移動すると価値が大きく損なわれてしまうのです。つまり，古墳を移してしまうと，同法でいう史跡に当たらず保護を受けられなくなります（**図表2参照**）。また，道路の側では，新幹線と交差するため高架下を通過する必要があり，国道1号線の交差点に合流することが不可欠という制約もあります。そこで利害の衝突が発生したのです。

　上で挙げた利益は特定個人の利益にとどまらず，広く市民が享受することのできる利益です。こうした利益のことを，**公益**とよびます。冒頭事例は，公益と公益が衝突したケースです。現代行政法の主要課題は，**公益と公益の衝突**を適切に調整し，解決することにあります。典型例は，開発事業と環境保護がぶつかる場合です。こうした場合に，以前には開発利益が優先され，その結果，

住環境や文化遺産の価値が軽視されることが生じました。過去の裁判例を見ても，鉄道の操車場整備のために遺跡の保護が解除され，開発が進められた事例も見られました（伊場遺跡訴訟〔最判 1989（平成元）年 6 月 20 日判時 1334 号 201 頁〕）。

図表 2　文化財保護法の体系

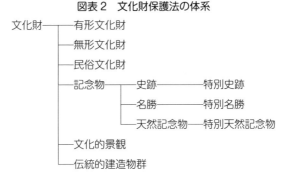

　冒頭事例では，2 つの公益の共存を図ることが課題です。岩手県平泉町の倉町（くらまち）遺跡のように，鎌倉時代初期の宝蔵跡を現地保存するために，街路計画を変更して史跡を迂回した例が参考になります。

2　立ち止まる勇気

　冒頭事例に見られた市長の対応について，当然と受け止めた方が多いかもしれません。しかし，いったん成立した計画を凍結して見直しに着手することは，わが国の行政スタイルとしては例外であるといえます。従来は，行政がいったん決定したら，事情が変わっても計画が変更されることはありませんでした。その背景には，開発優先主義，行政のメンツの尊重，事業遅延に対するおそれなどが存在しました。行政が強行策を貫き，変更に応じない結果，紛争が裁判にまで発展する例も見られました。裁判で解決できればいいではないかと考える方がいるかもしれません。しかし，工事が完成した後に裁判で原状回復を求めることは，社会的に見た場合，時間及び労力の面でコストがかかりすぎます。公益衝突の調整は，なるべく早期に，（裁判所ではなく）行政過程で行われることが望ましいのです。状況や環境の変化に応じて立ち止まる勇気をもつこと，変更を柔軟に進めるための手続を整備することは，今後，一層の重要性を獲得することと思います。

3 市民参加の実現手法

　冒頭事例で，市民参加を実現するための手法として**協議会方式**が選択された点に注目して下さい。法律において利害調整手法として協議会を用いる例は，近年の法律で増加傾向にあります。協議会は，多数の利害関係者が集まって議論を重ねて，解決策を練り上げていく仕組みです。異なった利益，多様な利害関係者が関与して議論を尽くす点が，ポイントです。つまり，利害対立を表面化させたうえで，調整を図る手法です。協議会では，利害の多様性に配慮して委員構成を工夫することが重要です（実際の例として，協議会の委員に，交通工学，史跡保護，都市計画法制の専門家に加え，国土交通省の街路担当課長，文化庁の文化財保護担当の主任調査官，県の副知事並びに県教育委員会次長が選任された事例があります）。冒頭事例でいいますと，古墳を回避した道路を計画しなければなりませんし，必要な交通量の処理や児童の安全対策など，道路交通に通じた専門家の参加が不可欠です。他方で，古墳などの文化財の保護に詳しい専門家もいなければ，古墳の文化的価値を軽視した方向で議論が進みかねません。また，道路建設後に史跡保護の手続を進めるうえでも困ります。あわせて，理論面に通じた研究者のほかに，法律や財政に精通した専門家を任命することが望ましいでしょう。なぜなら，道路建設にあたり，用地取得など，市民の財産権を制限する場面が予想されますし，道路整備に必要な費用を視野に入れるなど，財政面での考慮も欠かせないからです。さらに，住民の意向を反映する目的で協議会に市民代表を加えることや，次に述べる**パブリック・コメント手続**（**意見公募手続**）を採用することも重要な方策となります。

　ここで紹介した協議会方式は，唯一の市民参加手段ではありません。協議会は行政機関の外部にある意見や情報を取り入れる機能をもっています。これに類似した仕組みとして，行政機関からの諮問に応える**審議会**が活用されています。国の省庁や都道府県，市町村では，審議会が伝統的に活用されてきました。審議会は新しい政策の採用や従前施策の変更にあたり，外部の知見を導入する点でメリットをもちます。反面で，行政機関に都合の良い人選がなされているのではないか，反映する利益が限定的ではないかといった批判（行政の隠れ蓑

という批判）もみられました。

　審議会方式のほか，市民の意向を取り入れる手法として，**住民投票**も存在します。これまでも原子力発電所や産業廃棄物処理場の設置などで用いられてきました。議会選挙や知事・市町村長の選挙では，様々な政策を包括した形で公約とされるため，特定の施策に関して民意を反映できないことがあります。この点を克服するメリットが，住民投票には認められます。他面で，首長が自己に都合よく住民投票を利用するのではないか，複数の住民投票がなされた場合に整合性はとれるのかなど，批判も見られました。

　これ以外の市民参加手法としては，市民を交えた学習会を小さなグループで開催して，それを積み重ねて合意形成を図る**ワークショップ方式**もあります。これは，市民の理解を深めながら，政策を実現することができるというメリットをもちます。他面で，規模が小さいという問題があり，方式として発展段階にあるものです。

　これらのほか，市民に行政計画の提案（原案作成）を認める**市民提案制度**が存在します。これを定める法律も増加してきています。例えば，市民が街づくりの案を形成したうえで，これを都市計画として法的拘束力を伴う形で策定するよう行政機関に求める手法が代表例です（都市計画法 21 条の 2，景観法 11 条）。これは，市民参加のレベルを通り越して，原案作成まで市民が行っている点に特色があります。このように，市民参加を実現する手段は発展途上であり，イノベーションの期待される分野となっています。

Coffee Break　パブリック・コメント手続

　審議会で市民の意見を取り入れる場合に，委員構成を多様にすることが求められてきました。しかし，それにも限界があります。そこで，情報源を多様化し，より広い層から情報収集する目的で，意見公募手続が活用されています。これは，パブリック・コメントとよばれることもあります。

　これまでも，住民アンケートの手法が存在しました。しかし，多くの場合，行政からの問いかけに市民が意見を述べて終わりでした。これに対して，意見公募手続は，行政が案を提示し，市民が意見を述べ，さらに，行政が市民の意見に応答するといった対話手続（一往復半の手続）となっています。

意見公募手続は，内閣の定める政令や大臣の制定する省令などの行政準則を策定するための手続として法律で規定されています。現実の実務では，これ以外にも活用されており，冒頭事例もそうした活用例です。

4 透明性の確保

　市民参加手法の基礎にある考え方について説明します。第1に，基本的施策の形成は役所の密室で行われるべきではないという視点です。つまり，市民に見える形で，政策なり基本方針が決定されるべきであるという**透明性原則**です。透明性が確保されることにより，公正な行政活動が期待でき，形成される政策について市民の信頼を獲得することが可能となります。冒頭事例では，協議会は市民やマスコミの傍聴のもとで開催されました。また，協議会の会議録や会議資料は会議後に市のホームページにおいて公表することが重要です。**会議の公開**や**会議録の公表**は，近時では各種審議会で実現しています。

5 説明責任を尽くす

　政策の形成過程を透明化する視点は，行政機関が施策の選択理由を市民に説明する責務を負うという考え方に基づいています（これを**説明責任原則**といいます）。もっとも，行政施策は専門的内容を含むため，難解な専門用語や膨大なデータが公開されるだけでは，一般市民には皆目見当がつかないことになりかねません。そこで，行政によるデータの提示方法や，開示する書類の作り方自体に工夫が必要となります。つまり，わかりやすい公文書を作成する工夫が重要です。こうした目的で活用されているものに，**代替案提示方式**があります。これは，複数の代替案を公表し，相互の比較検討を通じて，ある施策のメリット，デメリットを明らかにする方式です。以前は行政から原案が1つだけ示され，市民は原案への意見を求められるにとどまりました。しかし，それでは，専門性の高い政策案について，市民には政策評価の手がかりに欠け，追認を求められているにすぎません。それを克服する手段が，代替案提示方式です。冒頭事例に即していえば，協議会資料に複数の新道路ルート案を示したうえで，

それぞれの案により処理可能な交通量，実現に要する用地，必要となる立退き
や補償件数，事業が古墳や古墳景観に及ぼす影響，事業総費用，児童の安全性
確保といった様々な点について，具体的数字等を挙げて示す工夫がなされてい
ます。**図表3**（次頁）は，実際の協議会で用いられた政策比較表です（協議会で
は整備案Bが推奨されました）。細かな記載は気にせず，様々な観点から比較検
討が行われている点に注目して下さい。

One step ahead ╱ **法文となった説明責任と透明性**

　現代の行政法で，行政機関に求められる最も重要な要請といえば，説明責任
と透明性の確保が挙げられます。この2つは新しい原則で，私が学生の時には
学習しなかった内容です。説明責任は，元々は会計学の専門用語です。また，
透明性なども法律用語としては定着していませんでした。2つの概念が注目さ
れたのは，行政法の支柱をなすといわれる行政手続法と行政機関情報公開法が
制定され，その目的規定に掲げられてからです（条文引用における下線は筆者
による）。

　●**行政手続法**
　第1条①　この法律は，処分，行政指導及び届出に関する手続並びに命
　　令等を定める手続に関し，共通する事項を定めることによって，行政運
　　営における公正の確保と<u>透明性（行政上の意思決定について，その内容
　　及び過程が国民にとって明らかであることをいう。</u>（以下略））の向上を
　　図り，もって国民の権利利益の保護に資することを目的とする。

　●**行政機関情報公開法**
　第1条　この法律は，国民主権の理念にのっとり，行政文書の開示を請
　　求する権利につき定めること等により，行政機関の保有する情報の一層
　　の公開を図り，もって<u>政府の有するその諸活動を国民に説明する責務が
　　全うされるようにする</u>とともに，国民の的確な理解と批判の下にある公
　　正で民主的な行政の推進に資することを目的とする。

6　政策選択と政策評価

　代替案提示方式により，各施策の特色が明らかにされ，メリットとデメリッ

図表3 代替案提示の実例

整備案	整備案概要図	交通機能	史跡空間	実現可能性	
				事業費	補償件数
整備案B 西側T字4車線		・朝夕ピーク時等において，交差点に起因する渋滞等が生じる可能性がある。 ・道路が屈曲することに起因する衝突事故が発生する可能性がある。 ⇒渋滞対策，事故防止に関する詳細な検証が必要。 ・安全性等に配慮した適切な交差点設計が不可欠。 ※信号の設置等については，公安委員会との協議が必要。	・古墳の本質的価値が保全され，神社境内と古墳を一体的に回遊することが可能である。 ・古墳北側の駐車場候補地から平面的に古墳へのアクセスが可能である。	・約5億円（最小）	・建物補償　3件（うち再補償1件） ・用地買収 1,400m²　11件（うち再買収 1,200m²　9件）
整備案G 西側T字2車線 ＋ 東側トンネル2車線		（上り車線） ・朝夕ピーク時等において，交差点に起因する渋滞等が生じる可能性がある。 ⇒渋滞対策に関する詳細な検証が必要。 ※信号の設置等については，公安委員会との協議が必要 （下り車線） ・トンネル前後で急な上り下りがあることで衝突事故等の懸念がある。	・トンネルの出入口で史跡回遊エリアやアクセスが一部制限されるが，古墳の本質的価値の保全，歩行者の回遊性及び古墳へのアクセスについて整備案Bに準じる評価ができる。	・約35億円	・建物補償　2件（うち再補償0件） ・用地買収 800m²　11件（うち再買収 700m²　9件）
整備案E 西側S字2車線 ＋ 東側トンネル2車線		（下り車線） ・トンネル前後で急な上り下りがあることで衝突事故等の懸念がある。		・約37億円	・建物補償　5件（うち再補償2件） ・用地買収 1,800m²　14件（うち再買収 1,500m²　11件）
整備案D 西側S字2車線 ＋ 東側2車線		（下り車線） ・国道1号に向かって急な下り勾配となり，安全性に懸念がある。 ⇒速度抑制措置の検討が必要。	・景観を阻害することにより，史跡の本質的価値が伝わりにくい。 ・史跡指定を進める上で課題が多い。	・約8億円	・建物補償　5件（うち再補償2件）＋神社倉庫 ・用地買収 2,100m²　15件（うち再買収 1,800m²　12件）
整備案F 西側T字2車線 ＋ 東側2車線		（上り車線） ・朝夕ピーク時等において，交差点に起因する渋滞等が生じる可能性がある。 ⇒渋滞対策に関する詳細な検証が必要。 ※信号の設置等については，公安委員会との協議が必要 （下り車線） ・国道1号に向かって急な下り勾配となり，安全性に懸念がある。 ⇒速度抑制措置の検討が必要。	・道路整備後に，沼津市のシンボルとして高尾山古墳を利活用する上で制約が生じる。 ・古墳に隣接した歩道がないため，史跡を楽しむ雰囲気になりにくい。	・約5億円（最小）	・建物補償　2件（うち再補償0件）＋神社倉庫 ・用地買収 1,200m²　12件（うち再買収 1,100m²　10件）
整備案H 西側トンネル2車線 ＋ 東側2車線		（下り車線） ・国道1号に向かって急な下り勾配となり，安全性に懸念がある。 ⇒速度抑制措置の検討が必要。	・駐車場候補地からのアクセスには横断歩道橋を通る必要がある。 ※古墳の物理的保護方法についてさらに検討が必要。	・約26億円	・建物補償　0件（うち再補償0件）＋神社倉庫 ・用地買収 500m²　1件（うち再買収 500m²　1件）

＊──（下線）：相対的に優れる。▨▨▨（網かけ）：相対的に劣る（交通機能については，課題となる事項）。

（出典）大橋洋一『対話型行政法の開拓線』（有斐閣・2019年）193頁

トに着目して議論することが可能に
なります。実際になされた議論の様
子を紹介します。

　図表3で，経費の観点からは，5
億円に費用を抑えることのできるB
案，F案は，市の予算規模との関係
で実現可能性が高く，相対的に優れ
ています。8億円を要するD案も，
これに準ずるものです。他方，トン
ネル工事が含まれる案は，経費が高
いものとならざるをえません。上り
にトンネルを設置するH案では26
億円，下りに設置するG案，E案
では35億円，37億円と高額の工事
が伴います。これは，市の予算規模
からすると，採用は困難なようにみ
えます。

図表4　ビューポイントの確保（B案の場合）

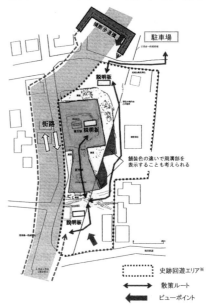

	史跡回遊エリア※
↔	散策ルート
⬅	ビューポイント

（出典）大橋・前出『対話型行政法の
開拓線』194頁

　他方で，史跡の周りに市民が親しめる空間を確保するという観点からは，古
墳の東側に道路が通過しない案（B案，G案，E案）は，古墳東側に位置する神
社と古墳とを一体のものとして整備する点で高く評価することができます。古
墳東側に広いオープンスペースが確保されることから，市民や観光客が史跡を
回遊して楽しむ可能性が開かれます。とりわけ，古墳東側から古墳の特徴であ
る高い丘陵全体を眺望することができます。市のシンボル・観光資源として古
墳の活用を考えた場合に，ビューポイントの設定は大きな意味をもちます（**図
表4**参照）。他方，古墳の東側を道路が通過する案（D案，F案，H案）では，古
墳（特に丘陵部分）が西側を通る上り車線と東側を通る下り車線に挟まれてし
まうため，景観が損なわれ，古墳を残す意味自体が問われることになりかねま
せん。

7　裁量判断の適正化

　道路建設のような公共事業に関しては，法律で行政機関に広範な判断の余地が認められています（この余地を**行政裁量**とよびます）。行政裁量が承認されたからといって，行政機関が自由勝手に行動してもよいわけではありません。そうではなくて，現実の状況を踏まえて，専門性を活かして，（対立する）諸利害を調整することに腕を振るってほしいという趣旨の授権です。立法者の期待に沿った政策判断を行政機関が下すためには，次の2点が前提となります。第1に，政策形成にとって基礎となる**事実調査**が的確に行われるべきです。例えば，他の地方公共団体における成功事例や失敗事例などの政策情報が，収集・検討される必要があります。第2に，政策過程で多様な利害の存在が明示され，重要性に見合った形で利益調整がなされることが不可欠です。これを**利益衡量**とよびます。冒頭事例では，交通面では道路の処理能力，児童の安全対策としての信号設置や時速制限等が検討される一方で，古墳保護の観点では，道路の古墳に対する影響，史跡景観に対するインパクトも検討されなければなりません。加えて，事業の展開で影響を受ける市民の財産権や生活権を保障する観点から，必要となる家屋の建替えや移転などの件数にも配慮すべきです。

Coffee Break　財政配慮と身の丈主義

　政策の議論で重要なことは，将来にわたり政策が継続できるという視点です（持続可能性）。これまでも，自らが重視する利益を優先して豪華な案を採用し，後になって，維持や管理コストで市町村が苦労するといった例は少なくありませんでした。しかし，経済が低成長の時代にあっては，自治体経営，都市マネージメントの視点を重視した政策判断が肝要です。冒頭事例で，市長がA市や当該地区の置かれた状況にふさわしい案を求めたのも，こうした考慮によります。これを**身の丈主義**とよぶことができます。これは，その程度にとどめなさいといった消極的な見方ではなく，現実性のある選択を行う知恵です。また，将来のことを現世代ですべて決めてしまわずに，先々に見直しの機会を残すための戦略でもあります。

Chapter 5 お年寄りと子どもを守れ

児童福祉法，特定商取引法

きめ細やかな生活支援

　少子高齢社会を迎えた日本では，老人と子どもを大切にする行政施策が一層重要となります。以下の2つの事例は，市民相互の取り組みにゆだねることはできず，行政機関による生活支援が求められているものです。本講では，代表的な行政活動である行政行為について，種類や基本的性格を学びます。

　（事例1）　投資に関する知識や経験に乏しい高齢者をターゲットとして，訪問販売業者Aは，損失リスクの大きい金融商品の購入を違法に持ちかけ，多額の契約金や売買手数料を手にしていました。勧誘を受けた高齢者の中には認知症のBも含まれ，Bの長男が預金通帳を確認したところ，契約後には多額の預金が引き出されていました。Aの顧客となった高齢者の多くは，年金に頼って生活しています。高齢者が老後の生活資金を失うことは，挽回不能な損失です。こうした業者に行政機関はどのように対応すべきでしょうか。

　（事例2）　銀行に勤務するCは，長女を出産しました。仕事もようやく面白くなってきたので，出産後も仕事を続けたいと考えています。もっとも，遠隔地に住む親は病気がちで，育児支援を期待できません。そこで，認可保育所への入所を希望しました。その理由は，法律で定められた基準を満たしており，行政機関から認可を得ているため，安心して長女を預けることができると考えたからです。しかし，認可保育所は入所希望者が多く，Cは保育の必要性が認められないといった理由で，入所を断られました。居住する市では，他の認可保育所も待機児童でいっぱいです。このままでは，Cは仕事をやめざるを

えません。ニュースでは子育て支援や男女共同参画が強調されていますが，保育所をめぐる仕組みはどうなっているのでしょうか。

1 規制行政としての業務停止命令

⑴　業務停止命令による対応

　（事例1） では，AとBの間で金融商品の購入契約が締結されています。したがって，損害が発生した後に，民法で学習する契約法理に基づいて損害賠償を請求することができます。しかし，Aのような業者は，問題が発覚した時点では，既に代金をすべて使ってしまっていたり，破産，さらには，代表者が行方不明など，損害賠償により救済を図ることが困難な場合が多いのです。また，裁判を利用した紛争解決には体力も時間も必要ですので，被害に遭った高齢者には過酷なこととなります。統計をみますと，高齢者に関する消費生活相談には，認知症の高齢者をねらった勧誘事例が多く存在しています（**図表1**参照）。こうした経験から，契約締結前や締結過程に行政機関が目を光らせて，被害の発生を未然に防ぐ仕組みが要請されました（裁判所〔＝司法〕に持ち込ま

図表1　認知症等の高齢者に関する消費生活相談件数

（件）

- ■ 契約者が相談者と同一
- □ 契約者が相談者と異なる
- ■ 無回答（未入力）

年	2010	2011	2012	2013	2014	2015	2016	2017	2018	2019
合計	7,293	7,774	8,552	11,018	9,599	9,463	8,881	9,052	8,924	8,721
契約者が相談者と異なる	85.5%	84.7%	84.2%	84.7%	83.0%	82.8%	82.4%	82.5%	81.5%	79.5%
無回答（未入力）	13.9%	14.8%	15.3%	14.8%	16.4%	16.6%	16.7%	16.6%	17.6%	19.7%

（出典）消費者庁『令和2年版　消費者白書』30頁

れる紛争を未然に防ぐという意味で，こうし
た行政活動は**予防司法**とよばれます）。また，
業者の営業活動を行政機関が監督し，不
適法な活動等があった場合に営業活動を
規制する行政活動も整備されました。こ
れは**規制行政**とよばれます。**（事例1）**
は，消費者の利益を保護する観点から専
門知識をもった行政機関（消費者庁など）
が介入すべき事例です。これは，**消費者**

消費者庁 消費者ホットライン 188
イメージキャラクター イヤヤン

行政とか，**消費者保護行政**とよばれます。民事の契約活動を行政法が補完して
いるのです。

　規制行政では，業者は本来自由にできたはずの営業活動を一方的に制限され
ます。したがって，**Chapter 2** で学んだように，規制について**法律の根拠**が必
要になります（**法律の留保原則**）。**（事例1）** では，消費者庁長官は，特定商取引
に関する法律（以下では「特定商取引法」といいます）に基づいて，違法な勧誘を
行った訪問販売業者に対して業務停止を命じることができると定められていま
す（8条1項）。業務停止命令は事業者の行為を規制するもので，規制行政の代
表例です。この命令は，強制力をもつとか権力的性格（**権力性**）をもつといわ
れます。その理由は，法律が強制力を付与しているからです。具体的には，訪
問販売業者が当該命令を無視して営業を続けた場合には，刑罰を科されること
が法律で定められています（70条2号）。このように，刑罰が脅しになって，
命令に従うよう担保されているのです（少し難しい表現でいいますと，**刑罰による
行為規制**に当たります）。こうした規制行政活動によって，市民が安心して訪問
販売を利用できることとなり，市民生活が守られるのです。

(2) 根拠条文の確認

●特定商取引法
第8条①　主務大臣は，販売業者（略）が（略）前条第1項各号に掲げる
　　　行為をした場合において訪問販売に係る取引の公正及び購入者（略）の
　　　利益が著しく害されるおそれがあると認めるとき（略）は，その販売業

> 者（略）に対し，2年以内の期間を限り，訪問販売に関する業務の全部
> 又は一部を停止すべきことを命ずることができる。(以下略)
> **第70条**　次の各号のいずれかに該当する者は，3年以下の懲役又は300
> 万円以下の罰金に処し，又はこれを併科する。
> 一　（略）
> 二　第8条第1項（略）の規定による命令に違反した者

　業務停止命令の根拠を定めた特定商取引法8条について説明します。

　まず，「主務大臣」とは，消費者行政事務を中心となって管理する大臣とい
う意味ですから，消費者庁長官を指します。続いて，どういった条件を満たせ
ば業務停止命令が出せるのかが書かれています。多くの法律規定は，このよう
に，法律要件を充たした場合に法定の効果が発生するといった作りになってい
て，要件に関する部分を**要件規定**，効果に関する部分を**効果規定**とよびます。
8条では，要件規定（その1）として，「前条第1項各号に掲げる行為をした場
合」と書かれています。例えば，7条1項3号で挙げられている不適切な勧誘
を行う行為が，この要件に該当します。次に，要件規定（その2）として，「取
引の公正及び購入者の利益が著しく害されるおそれがある」ことが挙げられて
います。したがって，本件で，顧客である高齢者が老後の生活資金を失うなど
の甚大な被害を受けるおそれがあると認められれば，この要件規定を充たしま
す。要件が充足されると，8条は効果として，2年以内に限って業務停止命令
の発令を認めています。業務停止命令を受けた場合に，訪問業者は命令に従う
義務を負います（この義務は，70条2号で刑罰によって担保されています）。

(3)　行政行為としての業務停止命令

　これまでの説明を基に，業務停止命令の法的性格を整理しましょう。まず，
特定商取引法8条1項という法律に基づく行為です（**法律による授権**）。法律に
基づくとは，当該命令の効力の根拠が法律に置かれているという意味です。第
2に，広く市民一般を対象にした行為ではなく，当該命令が向けられた対象者
（これを**名宛人**という言い方をします）は特定個人に限定されています（**個別性**）。
(事例1) では，訪問販売業者Aに向けられています。第3に，業務停止命令
は，刑罰に担保された規制活動であって，訪問業者の権利や義務に影響を及ぼ

します（**権利・義務の確定**）。このように、①法律の授権に基づき、②個別の事例で、③市民の権利義務に影響を及ぼす性格をもつことから、業務停止命令は行政活動の分類法によれば**行政行為**に該当します。

> ## Coffee Break 比較で見る行政行為
>
> ### 図表 2 行政行為の特色
>
>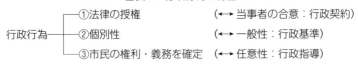
>
> 行政行為には**図表 2**にある①から③の特色があり、他の行政活動と区別されます。詳しく説明しますと、**行政契約**の効力は、契約当事者が合意して意思の合致があった点に由来します。したがって、法律の授権に基づくものでない点で、行政行為とは区別されます。また、政令や省令など、行政活動のルールを定める**行政基準**は、市民一般に向けられていて、名宛人が不特定多数である点に特色があります。この点で、個別の市民を名宛人とする行政行為とは区別されます。最後に、**行政指導**は相手方の市民が自由意思で従う場合（これを「任意性」といいます）に限って、目的の達成を図る手法です。この点で、行政指導は、相手方が反対の意思でも権利義務の範囲を確定する行政行為とは区別されます。

2 給付行政としての保育サービス提供

⑴ 子ども・子育て支援制度

子ども・子育てを支援する施設として、伝統的に、幼稚園と保育所が存在します。**幼稚園**は、学校の一種（**教育施設**）で文部科学省が所管しています。3歳から 5 歳の（小学校入学前の）子どもに対する教育施設で、子どもの面倒を見るのは免許を有した**幼稚園教諭**です。園との契約で決まる教育内容は様々で、午後 2 時頃には帰宅するなど、4 時間程度の滞在です。これに対し、**保育所**は（保護者が勤務しているとか、親族の介護のため自宅で保育ができないといった）保育

図表3　認定こども園の数（2019年4月1日現在）

園数	(内訳)			
	幼保連携型	幼稚園型	保育所型	地方裁量型
7,208	5,137	1,104	897	70

（出典）厚生労働省「認定こども園に関する現況」（2019年9月27日）

の必要のある児童を対象とした**児童福祉施設**で，厚生労働省が所管しています。対象となる児童は0歳から5歳までに及び，滞在時間も働く保護者が迎えに行くまで，8時間から11時間と長時間に及びます。保育所では，**保育士**の資格を有した者が子どもの世話にあたります。

　このように，同じく幼児を対象とするにもかかわらず，性格の異なった2つの仕組みが併存してきました。最近では，少子化で幼稚園の入園希望者が減る一方，共働き家庭の増加などにより保育所の不足（待機児童問題）が生じたことから，新たに**認定こども園**制度が始まりました。これには様々なタイプがありますが，最も数が多く全体の7割あまりを占めるのが，幼稚園と保育所の両方の性格を持つ**幼保連携型**認定こども園です（**図表3**参照）。これは，教育施設であり児童福祉施設でもある施設です。

⑵　保育サービスの提供

　昔は大家族での居住でしたが，現代では核家族へと家族形態が変わりました。そこで，共働き世帯で出産後に仕事を継続しようとする場合には，保育サービスが不可欠となります。サービスを受けるためには，保護者は市区町村から保育を必要とする事由に該当する旨の保育認定を受けなければなりません（子どもが0歳から2歳であれば3号認定，3歳から5歳であれば2号認定が必要です）。冒頭の**（事例2）**では，認可保育所の利用が問題となっていました。

　現代では，行政機関が金銭やサービスを提供するタイプの行政活動が大きく発展しており，これは**給付行政**とよばれています。保育所による保育サービス提供は給付行政の一環をなすものです。

⑶　行政活動としての申請処理

　給付行政活動では，活動に先立って，金銭やサービスを希望する市民の側か

図表4　保育所待機児童の現状（2019 年 4 月 1 日）

		2019 年待機児童数		2019 年利用児童数		保育利用率	
低年齢児（0〜2 歳）		14,749 人	(87.9%)	1,096,250 人		(37.8%)	
	うち 0 歳児	2,047 人	(12.2%)	152,780 人		(16.2%)	
	うち 1・2 歳児	12,702 人	(75.7%)	943,470 人		(48.1%)	
3 歳以上児		2,023 人	(12.1%)	1,583,401 人		(53.7%)	
全年齢児計		16,772 人	(100.0%)	2,679,651 人		(45.8%)	

（出典）内閣府『令和 2 年版　少子化社会対策白書』80 頁

ら行政機関に対して申請が行われるのが一般的です。続いて，行政機関が申請を審査します。このように，給付行政では，給付に先立って行政機関による申請処理活動が存在します。

保育所に関しては，児童福祉法が「保育を必要とする」児童に保育所の利用を認めなければならないとされ，具体的な手続は子ども・子育て支援法に委ねられています（24 条 1 項）。同法 20 条 1 項以下によると，利用を希望する保護者から教育・保育給付認定の申請が居住する市区町村になされ，保育の必要性が認められると支給認定証が発行されます（続いて，市区町村による調整を経て，利用調整で内定した保育所と契約を結びます）。他方，**（事例 2）** の C のように不認定決定が出されると，保育所は利用できません。

2019（平成 31）年 4 月 1 日現在，保育所不足が原因で，希望の保育所に入所できない待機児童の数は 1 万 6772 人に上っています（**図表 4** 参照）。いわゆる待機児童問題です。待機児童の内訳をみますと，特に 0 歳から 2 歳児で待機児童数が多くなっています。政府が待機児童解消を目標に保育所定員を拡充してきたにもかかわらず，0 歳から 2 歳児についてはなお不足しています。

⑷　行政行為としての申請認容決定・申請拒否決定

以上の説明を基に，申請認容決定（認定決定）や申請拒否決定（不認定決定）について，その法的性格を整理することとしましょう。第 1 に，これらの決定は，児童福祉法 24 条 3 項に基づくものです。第 2 に，決定内容は，保護者や児童の権利・義務に影響を及ぼす行政活動です。申請を認容する決定がない限り，保育所への入所は実現しません。したがって，決定は認可保育所で保育を

図表 5 　行政行為の区分

（行政行為）	利用分野	活動の端緒	具体例
不利益処分	規制行政	職権	（業務停止命令）
申請に基づく処分	給付行政	申請	（認容決定，拒否決定）

受ける権利の存否を確定するものということができます。第3に，決定は広く市民一般を対象に出されるものではなく，名宛人は申請者に限定されています。こうした3つの特徴をもつことから，申請認容決定や申請拒否決定は，行政活動の分類法に従うと**行政行為**に該当します。（**事例1**）で紹介した業務停止命令とは雰囲気も内容も異なりますが，3つの基準に従って判断すると，申請に対する応答決定もまた行政行為なのです。

3　2種類の行政行為

　本講では，業務停止命令と保育認定申請に対する決定を例に挙げて，いずれも行政行為に該当すると説明しました。ごく大まかに述べると，行政行為には2つの異なったタイプが存在します。これは重要な区分ですので，注目して下さい（**図表5**参照）。

　1つは，業務停止命令のように，規制行政の手段として用いられ，名宛人に対して不利益な内容をもたらすものです（こうした行政行為を，**不利益処分**といいます）。これは，申請を機縁にするものではなく，行政機関が一方的に働きかける活動であり，**職権処分**とよばれます。

　2つは，保育認定決定や保育不認定決定のように，給付行政に際して見られるものです。市民からなされた申請を行政機関が審査して，申請への諾否を判断する行政活動です。これは**申請に基づく処分**とよばれます。

●復習クイズ

　業務停止命令と保育不認定決定のほかにも，行政行為は多数存在します。以下に掲げる行政行為は，不利益処分，申請に基づく処分のいずれのタイプに該当するか，各自で整理して下さい。

(1) 違法建築物に対する除却命令

(2) 建築確認の申請に対する拒否

(3) 食中毒を出したレストランに対する営業許可の取消し

(4) 生活保護の申請に対する保護開始決定

Coffee Break　公定力，不可争力，執行力

　行政行為に関して，特殊な効力が語られてきました。こうした説明は，現行法の帰結を簡略に述べたものです。例えば，行政行為を取り消すための手段として取消訴訟という訴訟が特別に法定されています。立法者が特別な訴訟を設けた趣旨を尊重して，市民は行政行為の効力を否定する場合には取消訴訟の利用を義務づけられていると解釈されています。すなわち，取消判決によって初めて行政行為はその効力が否定されます。こうした一連のプロセスを簡潔に表現して，「行政行為は違法であっても，取消しまで効力をもつ」といわれました（**公定力**）。また，取消訴訟には6カ月という出訴制限の期間が設けられています。この結果として，出訴期間を経過すると，市民は行政行為を取り消すことができません。ここから，「行政行為は，一定期間後にはもはや争えない」といわれました（**不可争力**）。

　このほか，強制執行を念頭に置いて，行政行為の特殊な効力が語られてきました。たしかに，行政行為のなかには，個別の法律規定が根拠となって，裁判によらずに行政機関が自力で義務を執行できる場合があります。ここから，「行政行為のなかには行政機関が自力執行できるものがある」といわれてきました（**執行力**）。しかし，執行力が認められるためには法律による授権が必要ですから，すべての行政行為が執行力をもつわけではありません。本講で扱った業務停止命令や入所申請にかかる処分は，いずれも執行力をもちません。

（復習クイズの答え）

不利益処分…(1)(3)

申請に基づく処分…(2)(4)

Chapter 6　水際作戦と孤独死

大都市における孤独死

　A市では，市民が生活に困窮し，生活保護を申請する意図で市役所の生活保護窓口を訪問した場合について，相談の中で受給資格の検討が行われていました。検討の結果，給付決定の見通しが立った者にだけ申請書を交付し，立たなければ申請書を交付しない運用です。この背景には，1つには，不正受給を防止するというねらいがありました。2つには，生活保護の実施をめぐる財政上の考慮も存在しました。つまり，生活保護では国による負担金（4分の3）が存在する一方，市区町村も一部（4分の1）を負担しなければなりません。そのために，生活保護受給者の増大は，市の財政負担を増加させます。そこで，A市では，生活保護費抑制を目的に数値目標を設定し，窓口で申請書を交付しない運用が実施されました。こうした窓口規制は，戦争で敵兵の上陸を海岸付近で食い止める戦略にたとえて，「水際作戦」と行政実務ではよばれていました。これは，A市に限られたことではなく，他の市町村でもみられました。

　このような実務の結果，生活保護制度から排除された生活困窮者が餓死に至りました。具体的には，2006年5月には，2度にわたり生活保護の申請に出向いた男性（当時52歳）が，申請の意思を示したにもかかわらず保護申請書を交付してもらえず，市営住宅において餓死する事件が生じたのです。2009年4月にも，同様の孤独死の事件が報告されています。生活保護という憲法25条に根拠をもつセーフティ・ネットの仕組みにおいて違法な行政実務が見られたことから，申請処理の運用を見直すよう，日本弁護士連合会から意見書が提出されました。

本講ではＡ市の事例を素材に，行政行為を発令する際に遵守すべき手続ルール（行政手続）について学習します。

1 生活保護の仕組み

1990 年代後半以降，生活保護の受給者数は増加し，この 20 年余りで 2 倍以上にまで増大しています（**図表 1** 参照）。冒頭事例は，こうした状況の中で発生したものです。受給者増大の原因としては，単身高齢者の増加，非正規雇用の増加等の労働環境の変化，家族による相互扶助の弱体化などが考えられます。

生活保護は，多くの場合，要保護者等からの申請に基づいて開始されます（生活保護法 7 条）（例外として，要保護者が急迫した状況にある場合〔例えば，行き倒れの場合〕には，行政機関が職権で開始することもあります）。保護の実施機関は，市（特別区を含む）では市長（特別区の区長を含む），福祉事務所を設置している

図表 1　生活保護受給世帯の推移

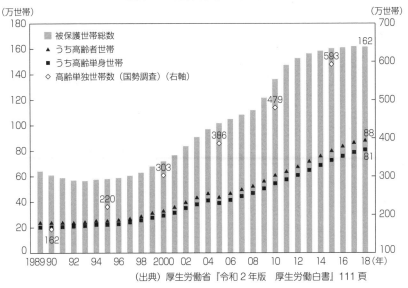

(出典) 厚生労働省『令和 2 年版　厚生労働白書』111 頁

町村においては町村長，福祉事務所を設置していない町村では都道府県知事となっています（19条1項）。実施機関の権限は，一般に知事や市町村長から福祉事務所長に委任されています（同条4項）。冒頭事例でも，A市の福祉事務所長が権限を行使しています。生活保護には，生活扶助，教育扶助，住宅扶助，医療扶助，介護扶助，出産扶助，生業扶助，葬祭扶助の8種類がありますが，メインは生活扶助で，金銭支給が原則です（11条1項，31条1項）。

　最低限の生活保障は国が責任をもって実現すべき事項ですので，国から詳細な基準が実施機関に対して出されています（厚生労働大臣が**告示**で定めている**保護基準**〔生活保護法8条〕のほか，国から実施機関宛てに**通達**〔地方自治法245条の9〕が数多く出されています）。生活保護は地方公共団体の事務ですが，国から詳細に指示がなされる事務となっています（これを**法定受託事務**といいます）。法定受託事務は，国からの指示が緩やかな**自治事務**に対比した概念です（地方自治法2条8項・9項参照）。生活保護では，費用の4分の3を国が担うほかは，都道府県や市町村の負担とされています（生活保護法75条）。全額を国が支給すべきだと思うかもしれませんが，それですと（他人のお財布を預かる感覚で）実施機関が緩やかに生活保護を決定するおそれがあるため，財政規律をもたせる意味で一部を地方公共団体の負担としています。もっとも，そうした負担があるために，A市のように自己負担を減らす運用が生じてしまいました。

2 申請に基づく処分

　Chapter 5 で学習したように，行政行為（行政処分）には，**申請に基づく処分**と**不利益処分**の2種類があります。生活保護申請の認容処分や拒否処分は，申請に基づく処分です（生活保護法24条参照）。他方，生活保護の廃止処分や停止処分が不利益処分に該当します（生活保護法62条参照）。

　行政行為には上記の2類型が存在することを把握しておくと，行政機関が処分を行うまでの手順（これを**行政手続**といいます）を考える場面のほか，市民が処分を争う**行政訴訟**の場面で，必要となる手続の概要を把握することが容易になります。本講では，申請に基づく処分について必要となる行政手続を学習します（不利益処分手続は，**（補講）**で扱います）。

3 日本型行政スタイル

　行政サービスや給付を得るために申請が必要であると法律に書いてある場合に，申請を行うことができることは当然ではないかと読者の皆さんは思うことでしょう。そのように考えると，水際作戦は例外であるように見えます。しかし，わが国の行政実務は，そうではなかったのです。1984 年から 2 年間，大学院生だった私は，神奈川県庁で開催された行政手続の研究会に参加して，県職員の方たちと行政実務の実態調査（ヒアリング）を行った経験があります。様々な行政分野の運用方法について話を聞いたのですが，驚くほど共通した行政実務が存在することに気づきました。簡単にいってしまうと，「申請」と法律で書いてあっても，行政と市民との話し合いから始まり，給付の目処が立った案件についてだけ申請書が交付されるといった処理方法です。詳しく説明しますと，冒頭事例のように申請書を交付しない方式もあれば，申請書を交付したうえで案件の目処が立つまで申請書を受け付けない方式（**不受理**）や，市民が申請書を提出しても案件の目処が立たないものは申請書を突き返す方法（**返戻**〔へんれい〕）が見られました。これらは職員にとっては自然な処理方法と理解されていました。質問しても，「市民の方に申請拒否を行うのは不親切なので，申請拒否を行わないように心がけています」といった返答を受けることが一般的でした。これは，一見したところ親切な対応のようです。しかし，それは行政機関による申請処理が公正に行われた場合に限って成立する話です。例えば，意地の悪い職員が嫌がらせで，法律上の受給資格をもつ市民に対して，もっともな理由を付けて申請書を渡さずに申請を断念させた場合には，市民には是正の法的手段が存在しないことになってしまいます。こうなりますと，行政法は何も手助けができないのです。これに対して，一見冷たい対応のようにみえても，申請拒否処分が行われていれば，それが違法であると主張して，市民は**審査請求**や行政訴訟を利用して，是正の機会をもつことができるわけです。したがって，市民が望めば，行政機関は申請処理の手続に入ることが，結局は公正な取扱いにつながります。こうした考え方から，日本型行政スタイルについて行政手続法により改善が図られたのです。

4　行政手続の効用

　それでは，行政手続が整備されることで，申請処理処分について行政スタイルはどのように改革されるのでしょうか。以下では，メリットを概観します。行政手続法では，①不受理（返戻）の禁止，②審査基準の設定・公表，③標準処理期間の設定・公表，④理由提示などのルールが定められています。

(1)　不受理（返戻）の禁止

　日本型行政スタイルの特徴は，行政機関が申請処理に入らずに，不透明な折衝を繰り返した点にあります。そこで，改善策としては，申請があれば直ちに申請処理を開始し，市民と行政機関のやりとりを正規の行政手続のなかで行わせること，つまり，事前の折衝過程を排除することが不可欠となります。行政手続法は，不受理や返戻を禁止して，市民により申請書が提出された場合には，行政機関は受理して，申請処理を開始する義務を負うと定めました（7条）。

(2)　審査基準の設定・公表

　申請書が行政機関に到達して申請の処理が始まるとしても，法律や申請に不慣れな市民にとって，自分の申請がどのような基準に従って処理されるのか，わからないのが普通です。法律を見ても，許可や認可の基準は抽象的にしか書かれておらず，（内閣が定める）政令や（大臣が定める）府令・省令に具体的な定めが置かれています（しばしば，政令，府令・省令ですら，細かな基準を定めていなかったりします）。詳細な基準は，行政機関の定める通達で規定されている例が見られました。通達は，国の省庁の局長が都道府県の担当者宛てに出す取扱い方針などです。通達は，行政機関相互で出される行政内部法として，（行政の外部にいる）市民には一般に公表されませんでした。行政職員は審査基準を熟知している一方で，申請者は不知なわけですから，両者の関係は不平等なものでした。こうした従属的関係を改善するためには，具体的内容をもった審査基準を市民に公表するように，行政機関を義務づける必要があります。行政手続法は審査基準の作成義務（5条1項）を定め，加えて，具体的な基準を作成する

義務（同条2項）や公にする義務（同条3項）を明記したのです。

(3)　標準処理期間の設定・公表

　申請に関して，行政職員が申請になかなか応答をしないという「梨の礫（なしのつぶて）運用」がなされ，市民が困惑する例が見られました。つまり，申請は職員の手元で握りつぶされていたのです。そうした不作為に基づく行政運営を改善させるためには，申請に関して標準的な処理期間を行政機関に設定・公表させることが不可欠です。申請処理に要する期間には，通常の案件であれば，おおよその相場が存在するものです。かりに，こうした相場から大きく遅れる事例があれば，職員の悪意なり恣意的運用を疑うことが可能になります。行政手続法は，**努力義務**として，6条で標準処理期間の設定・公表について定めました（努力義務というのは目標であって，厳密には義務とまではいえません。処分によっては上記の期間を定めることが困難な場合があることを考えて，設定・公表の例外の余地を認めたのです）。

　なお，生活保護の領域では，申請処理のスピードは市民の生存に関わります。つまり，行政手続法の定める努力義務では足りません。そこで，生活保護法は，申請のあった日から14日以内という期間を原則として定め，この期間に申請を処理することを義務であると規定したのです（24条5項）。

(4)　理由の提示

　こうした改善の結果，市民が申請を行えば，申請に対する審査の結果が行政機関から示されることが確保されます。申請通りの給付を認める認容処分であれば，申請者は満足できます。しかし，申請拒否処分の場合も考えられます。申請者としては，違法に拒否処分が出されることを防ぎたいと思います。また，違法な拒否処分を争うことができなくてはなりません。

　従来は，何ら理由も示されず，または，通り一遍の理由しか示されず，拒否処分が下されていました。これでよいのでしたら，行政機関は深く考えずに拒否処分を出すことができます。また，申請者によって拒否処分を争われても，申請者に対し（拒否理由に関して）充分な情報を提供していないわけですから，裁判で有利に戦うことができました。こうした状況を改善すべく，行政手続法

は，拒否処分に充分な理由を提示することを行政機関に義務づけました（8条）。これを**理由提示**といいます（**図表2**参照）。充分な提示とは，どの条文に基づいて拒否処分が出されたのか，どういった事実関係を捉えて拒否処分と判断したのかを，行政機関は示さなければならないという趣旨です（最判1985（昭和60）年1月22日民集39巻1号1頁）。理由提示の義務づけによって，行政機関は文章での説明を余儀なくされますから，処分に先立っ

図表2　処分通知書の具体例

〒

第　　　号
年　月　日

様

福祉保健センター長　㊞

保護申請却下決定通知書

　　年　月　日に申請されました生活保護法による保護については、次の理由により保護できませんので却下します。

1　世帯主氏名

2　却下の理由

（横浜市の書式を参照した）

て慎重に判断するよう促されます。また，説明が付されていれば，申請者は，拒否処分を争う前にシミュレーションして，勝ち目はあるか検討をすることができます。さらに，理由提示は行政訴訟や審査請求の場面で，証拠として活用することができます。こうした効用を指して，理由提示には，①行政機関の**慎重判断担保機能**と，②市民が争う準備をするうえで**争訟に対する便宜機能**があるといわれています。

52

⑸ 行政通則法としての行政手続法

これまで，①不受理（返戻）の禁止，②審査基準の設定・公表，③標準処理期間の設定・公表，④理由の提示の4つが，行政手続法の制定により申請処理手続で実現したことを説明しました。こうした手続ルールが，個別法（例えば，生活保護法）で規定されただけであれば，他の分野（例えば，建築基準法，学校教育法，国民年金法など）では適正手続はなお実現しないこととなります。大切なのは，行政手続のルールが行政手続法という**行政通則法**で規定されたということです（適用除外の問題が存在しますが，ここでは説明は省きます）。行政通則法とは，行政領域に関わりなく，すべての行政領域で適用される法律という意味です（これに対し，個別の行政領域に即した規律を行う法律を**個別法**とよびます）。このように，行政手続ルールがわが国における行政運営の標準装備とされたのです。

5 行政手続は漢方薬

行政手続法は，行政活動を行うまでの手順（これを事前手続といいます）について規律を定め，伝統的行政スタイルを変革しようとしました。ただし，法律を制定したからといって，直ちに伝統的行政スタイルは変わるものではありません。法律を適用する公務員の意識や理解が変化しなければ，旧態依然とした状況は続くことになります。本講で取り上げた水際作戦は，行政手続法制定後10年以上が経っても行われていたものです。また，裁判で争われた事例を見ても，申請処理に直ちに入らずに，申請を不受理にして対応する行政実務が見られます。行政手続法の制定に指導的な役割を果たされた塩野宏先生は，かつて，同法を漢方薬にたとえて説明しました。これは行政手続法の性質や課題を的確に指摘した表現であるように思います。たしかに，行政手続は，伝統的行政スタイルに見られた弊害・病気を改善する効用をもつ点で，薬であるということができます。しかし，その効用は，公務員の理解や意識が変わって初めて発揮されることから，効き目の現れるまでに時間を要する漢方薬にたとえられたのです。今後は，行政手続の遵守が行政活動の基本的作法であることを踏まえて，即効性を望みたいところです。

（補講）保護廃止処分と行政手続

　不利益処分の行政手続について，その概略を解説します。例として，生活保護を受給している者に対して，指示違反等を理由に生活保護を廃止する処分（保護廃止処分）が行われる場合を取り上げます。これは，生活保護を受ける地位を行政機関が一方的に奪う点で，不利益処分にあたります。

　不利益処分の場合には，**図表3**に記したように，代表的手続（①から③）が存在します。そのうち，①と③は申請処理手続と類似したものです。

　まず，不利益処分では，処分基準の設定と公表が努力義務として要求されています（①）。申請処理手続で審査基準の設定及び公表が義務であったことに対応する手続です。次に，不利益処分の場合に理由提示が要求されています（③）。

　他方，申請処理手続では見られず，不利益処分に特有な手続が存在します。不利益処分手続では，行政機関から一方的に不利益な処分が行われるため，いきなり処分が行われて市民に不意打ちにならないよう配慮する必要があります。具体的には，処分の前に不利益処分を行う旨を名宛人に通知し，その言い分を聴取する手続が要求されています。行政手続法では，**聴聞**（ちょうもん）又は**弁明の機会付与**という手続が用意されています（②）。許可や認可の取消し，資格や地位の剥奪など，不利益の度合いが強い処分については，不利益処分の名宛人と行政庁職員との間で口頭の説明や質疑応答のなされる聴聞手続が利用されます。他方，その他多数の不利益処分では，書面での意見聴取を原則とした（略式手続である）弁明の機会付与が利用されます。なお，生活保護法では，行政手続法12条（処分基準の設定・公表）と14条（理由提示）の適用を認めたうえで，意見聴取の手続に関しては，生活保護に特有な手続を定めています（62条4項・5項）。

図表3　不利益処分の代表的行政手続

①処分基準の設定・公表　　　（行政手続法 12 条）

②聴聞ないし弁明の機会付与（行政手続法 13 条）

③理由提示　　　　　　　　（行政手続法 14 条）

Chapter 7　保育所落ちたくない

児童福祉法，特定商取引法

保活の都市伝説

　育児休業中のＡは，保育所探しで気分の重い日が続いています。Ａは大学卒業後，会社員としてキャリアを積み重ね，仕事も面白くなってきました。休業後には会社に戻って働きたいと考えています。もっとも，長女の世話をする人のあてもないため，復職には保育所への入所が絶対条件になります。ところが，Ａの住んでいるＢ市は保育所入所を待つ児童（いわゆる待機児童）が多く，気分が重いのです。そこで，Ａは認可保育所を探す活動（いわゆる保活）に専念してきました。市役所の窓口に頻繁に足を運びましたし，ママ友からも情報を集めました。周囲からの情報によると，復職する前に認可外保育所に入所させておいた方がいいとか，遠隔地に住む母親を呼び寄せない方がいいとか，復職する場合にはフルタイムで復職する方向で会社とは話を進めた方がよく，勤務時間を短縮しないといった戦略が噂になっています。どれも，長女のことを考えると，本当にためになるのか，首をかしげざるをえません。こうした戦略は，児童福祉法のどこを見ても書いてありません。

　本講では，行政活動の一般的な指針である行政基準について学習します。

1　保活の必勝戦略

(1)　法律だけではわからない

　これまで，行政活動が法律に基づいて行われること，法律には行政活動を行

図表1　行政基準を通じた法律の具体化

うための条件（要件）が規定されていることを説明しました。このように，法律に行政活動のアウトラインが定められていれば，市民の側でも予想が立ちます。それを前提に，生活プランを組み立てることが可能になるのです。しかし，社会が複雑化し，行政活動が増大し多様になるにつれて，法律で条件などをすべて書き尽くすといった理想は修正されることとなります。つまり，立法者が法律ですべてを書くのではなく，詳細を内閣の定める**政令**や大臣の定める**府令・省令**など，行政機関の定める基準（これを**行政基準**といいます）にゆだねる現象が多く見られるようになったのです。これは，憲法で学習した**委任立法**にあたります。議会が行政機関に立法活動を委任することによって，行政機関は立法作用を担うこととなります。他方，市民の目からみますと，行政活動の条件を知り，予想するためには，法律だけでは足りず，行政基準にまで注意を払う必要が生じます。こうした行政基準は，政令や府令・省令のほか，それらを詳細化した通達や審査基準，処分基準など多様化しています（**図表1**参照）。

(2)　保育所入所基準

●児童福祉法

第24条①　市町村は，この法律及び子ども・子育て支援法の定めるところにより，保護者の労働又は疾病その他の事由により，その監護すべき乳児，幼児その他の児童について<u>保育を必要とする場合において</u>，次項に定めるところによるほか，当該児童を保育所（略）において保育しなければならない。

保育所への入所に関しては，*Chapter 5* で学習したように，児童福祉法24条1項が定めています。同条では，入所の要件として下線を引いて強調したように，「保育を必要とする」ことが規定されています。これは抽象的な定めであ

り，実際には，市区町村でポイントに
基づく詳細な基準が設定されています。
例えば，兵庫県神戸市では「保育所，
認定こども園及び家庭的保育事業等の
利用における調整のための基準（保育
所等利用調整基準）」が作成され，点
数が記載されています（次頁**図表2**参
照）。ポイントの高い順に選考する旨
の運用が採られています。例えば，
「(1) 基本点数表」では保護者の就労状
況が月20日以上かつ週40時間以上又
は週5日以上かつ1日の就労が8時間
以上である場合（つまり，いわゆるフル
タイム勤務の場合）では，100点と最高
点になっています。したがって，勤務

すべての子供に、笑顔と夢を。

すべての子供たちが夢に向かってチャレンジできる社会の実現を目指して

子供の未来応援国民運動

＊政府は子供の貧困対策を進めています。

形態を子育てに配慮して短時間に設定してしまうと基本点数を下げることとな
り，入所は困難となります。あわせて，保育の代替手段や世帯の状況等に応じ
て，ポイントを加算なり減点する調整がなされています。これは，「(2) 調整点
数表」という第2の基準に従って行われています。これによると，入所させた
い子どもが週4日以上有償で無認可保育所に通っていれば，5点加点すること
が書かれています。また，同居の親族が預かる場合は3点減点とされているの
で，児童の祖父母を呼びよせて同居することは不利に働きます。さらに，同点
の場合の優先順位に関しては，第3の基準として，「(3) 同一点数時の順位表」
が作成されています。こうした基準が各市区町村によって作成されているため，
それに対応して，冒頭で紹介したような戦略（フルタイムでの復職，親を呼び寄
せない，お金はかかっても無認可保育所に入れておく等）が保活において重視さ
れるのです。

(3) 審査基準による具現化

ここで紹介した図表2の3つの表は，法律には書かれていません。しかし，

図表 2 神戸市の保育所入所審査基準

(1) 基本点数表（令和 3 年度）

事由	（細目）	基本点数	保育できない理由・状況
①就労	居宅外就労	100	月 20 日以上かつ週 40 時間以上又は週 5 日以上かつ日 8 時間以上働いている
		90	月 20 日以上かつ週 30 時間以上又は週 5 日以上かつ日 6 時間以上働いている
		80	月 16 日以上かつ週 24 時間以上又は週 4 日以上かつ日 6 時間以上働いている
		70	月 16 日以上かつ週 16 時間以上又は週 4 日以上かつ日 4 時間以上働いている
		60	上記には該当しないが，月 64 時間以上働いている
	居宅内就労	90	月 20 日以上かつ週 40 時間以上又は週 5 日以上かつ日 8 時間以上働いている
		80	月 20 日以上かつ週 30 時間以上又は週 5 日以上かつ日 6 時間以上働いている
		70	月 16 日以上かつ週 24 時間以上又は週 4 日以上かつ日 6 時間以上働いている
		60	月 16 日以上かつ週 16 時間以上又は週 4 日以上かつ日 4 時間以上働いている
		50	上記には該当しないが，月 64 時間以上働いている

(2) 調整点数表

	内容	点数	該当する要件等
保育の代替手段	希望する保育所等に入所できない際に，育児休業の延長も許容できる場合	△90	
	児童を同居の親族（65 歳未満の者に限る。）に預けることが可能である場合	△3	
	保育認定にかかる地域型保育事業の卒園児である場合（卒園後の利用申込の場合を除く。）	10	
	利用申込時点で，申込事由を理由として，申込児童について認可外保育施設等を週 4 日以上，有償で利用している場合	5	
	利用児童以外の子の育児休業取得により退所し，復職時に申込をする場合	10	
	転所	きょうだいが利用している保育所等に転所の申込をする場合	8	
		保育所等を利用中の場合（前項目に該当する場合，もしくは転居・転勤により，やむをえず転所の申込をする場合を除く）	△5	

(3) 同一点数時の順位表

1	神戸市民である（転入予定者を除く）
2	基本点数が高い順
3	当該保育所等の希望順位が高いもの
4	3 ヶ月分以上利用料（保育料）の滞納がないこと

5	直近課税年度の利用者負担額にかかる市区町村民税額の低い順
6	利用調整の結果，内定後に利用を辞退していないこと（平成30年10月以降の内定に限る）
7	利用開始時点における，申込児童の小学生以下のきょうだいの人数が多い順
8	同一点数となった全員が育児休業中の場合，当該年度内に育児休業が終了するもの
9	同一点数となった全員が就労事由の場合，自宅から勤務先まで合理的な手段での通勤時間が長い順（父母の時間を合算。ひとり親の場合は当該ひとり親の通勤時間を倍とする。）
10	希望施設数を多く記入している順

(出典) 神戸市「令和3年度　保育利用のご案内」

　これらの基準は，市役所が保育所入所の申請処理にあたって依拠しているものです。*Chapter 6*で学習した用語でいえば，**審査基準**に該当します。行政手続法は，具体的な審査基準の設定と公表を行政機関に義務づけていますが，まさに，そうした運用がなされているのです。したがって，認可保育所に預けたい保護者は，行政機関が作成した審査基準に大きな関心を寄せる必要があります。ここで紹介した例は申請処理に関する処分の例ですが，不利益処分については次の**2**で説明します。

Coffee Break　行政規則の外部法化

　審査基準や処分基準に相当する規律は，かつては行政内部で明らかにされていれば足りるといった理解が一般的でした。つまり，行政機関相互で出される連絡・指示のための文書（これは**通達**とよばれます）の中で，そうした詳細な基準は規定されるにすぎなかったのです。しかし，その内容が市民生活に大きく関わることから，審査基準や処分基準として，作成や公表，さらには意見公募手続を通じた作成が要求されるに至ったのです。行政の内部文書であった通達について，法律や府令・省令に準ずる取扱いを要求する変化を指して，**通達の外部法化（行政規則の外部法化）**とよびます。

2　悪徳業者に対する規制処分

　これまで保育所入所を例に，行政基準が市民にとって行政活動の予測可能性を確保するうえで重視されるに至ったことを説明しました。こうした要請は，不利益処分にも妥当します。不利益処分についても，法律で要件が明確に定められているとはいえない状況があります。ここでは，*Chapter 5*で学習した業

務停止命令（不適切な勧誘を行う訪問販売業者に対しての規制処分です）を例に，当該命令の発令基準が行政機関により具体化されている状況を概観します。

(1) 省令への委任

　特定商取引法は，訪問販売業者が違法で悪質な勧誘行為を行うことがないように防止を図り，消費者の利益を守ることを目的としています。そのための手段として，消費者庁長官は業務停止命令を発令することができるのです。どういった場合に命令を発令できるのかという条件（法律要件）は，法律に書かれています。しかし，法律自らがすべての要件を書き尽くしておらず，行政機関に発令要件を詳細化するよう委任しています。委任を受けて制定される省令は，授権した法律の趣旨を尊重しなければなりません（委任の限界と呼ばれることがあります。→後述の **One step ahead**）。

　業務停止命令の発令要件として，特定商取引法7条1項5号が訪問販売における禁止行為を掲げています（**図表3** Ａ 参照）。同号は自ら規定し尽くすことをせずに，詳細を省令に委任しています（**図表3**の①参照）。ここで**省令**という用語が出てきますが，これは各省大臣が定める行政基準を指します。委任については，このように「省令で定める」といった規定方法の場合もあれば，内閣が定める「**政令**で定める」といった規定もみられます。また，政令や省令といった規定形式を指定する方法ではなくて，詳細は「経済産業大臣が定める」といったように，具体化を行う主体を明示する委任方法もあります。

(2) 省令の規定内容

　特定商取引法7条1項5号の委任を受けて制定された省令が，「特定商取引に関する法律施行規則」（昭和51年11月24日通商産業省令第89号）です（**図表3** Ｂ 参照）。当該省令は，7条各号で訪問販売における禁止行為（＝業務停止命令を発令可能とする行為）を具体化しています。この省令は通商産業大臣（現在の経済産業大臣にあたります）という行政機関が定めたものですから，行政活動の一種です。外見からわかるとおり，条文の形式をとるなど立法活動の実質をもちます（行政機関の行う立法作用として，行政立法とよばれてきました）。

図表 3　行政基準を通じた法律規定の具体化

A 特定商取引法

第 7 条第 1 項第 5 号　前各号に掲げるもののほか，訪問販売に関する行為であ
つて，訪問販売に係る取引の公正及び購入者又は役務の提供を受ける者の利益
を害するおそれがあるものとして<u>主務省令で定めるもの</u>

　　　①**委任**｜大臣による具体化

B 省　令

第 7 条　法第 7 条第 1 項第 5 号の主務省令で定める行為は，次の各号に掲げる
ものとする。

　一・二　（略）

　三　顧客の知識，経験及び財産の状況に照らして不適当と認められる勧誘を行
　　うこと（(略)）。

　四～八　（略）

　　　②**具体化**｜局長による詳細化

C 通　達

第 2 章第 2 節 6(3)(ハ)第 3 号　本号は，いわゆる適合性原則を定めたものである。
具体的には，販売業者等が顧客に対して，その商品等に関する知識や経験の不
足につけ込む勧誘や，財産の状況に照らして不相応又は不要な支出を強いる契
約の勧誘を行うことは本号に当たる。

　例えば，年金収入しかない高齢者に対して，保有する預貯金を全て使用させ，
または返済困難な借金をさせてまで住宅リフォーム契約を締結するよう勧誘す
る行為は，本号に該当する可能性が高い。

　（以下略）

業務停止命令

(3)　通達による省令の具体化

　悪質な勧誘の事例で業務停止命令を発令できるかは，結局，具体的な禁止行
為を挙げた省令 7 条 3 号の解釈にかかってきます。法令の解釈問題ですから，
行政機関や市民がそれぞれ解釈して，解釈が異なる場合には最終的には裁判所
によって決せられるのが基本です。しかし，実際には，行政機関による運用を

図表4　2つの行政基準

種類	法律の授権	発令の相手方	伝統的区分
政令・府省令	あり	市民に向けて発令	（法規命令）
通達	なし	行政機関に向けて発令	（行政規則）

統一するために，上級行政機関が法令の解釈を一層具体的に示して通知するといったことが広く行われています。これは**通達**（解釈通達）とよばれます。

　本件でも，消費者庁次長などから各経済産業局長に宛てて通達が発令されています（2020（令和2）年3月31日「特定商取引に関する法律等の施行について」）（**図表3**の②参照）。ここには，省令7条3号の解釈として，運用基準が示されています（**図表3** C 参照）。

(4)　通達の性質

　通達は行政機関によって発令される点から明らかなように，行政活動の一種です。これは，特定の名宛人を念頭に個別の決定を行うのではなく，不特定多数の事例を念頭に置いて発令される点で，（政令や省令と同様に）基準設定行為の性質をもちます。もっとも，法律の授権を受けていない点，上級行政機関から下級行政機関に対して発令されている点（つまり，市民に向けて出されていない点）で，政令や省令とは異なります。伝統的には，行政機関が定める基準には，政令や省令（法規命令）と通達に代表される行政内部法（行政規則）が区別されてきました（**図表4**参照）。こうした区別にもかかわらず，通達が外部法化してきたことは既に説明したとおりです。

One step ahead ／ ふるさと納税における「後出しじゃんけん」

　東京都豊島区に住んでいるCさんは，故郷の静岡市や応援している福岡市に**ふるさと納税制度**を利用して寄付することができます。この場合，Cさんが10万円寄付すると，Cさんが豊島区などに支払う地方税は9万8000円ほど減額されます（これは，**控除**という仕組みです）。ふるさと納税制度の趣旨は，地方公共団体を選んで応援することを認めるものです（例えば，故郷であるとか震災に遭った市を支援したい，文化財保護に取り組んでいる市をサポートしたいなど）。他方で，Cさんは寄付をした市町村から返礼品をもらうことができる不

思議な仕組みです（寄付金額の3割くらいが返礼品の相場です）。返礼品リストはインターネットのサイトに掲載されていて，デパートのお中元やお歳暮のオンライン注文と同じ感覚で選定することができます。ふるさと納税をめぐっては，返礼品を豪華にして寄付を多く集める競争が自治体間で過熱しました。なかでも，大阪府泉佐野市は多額の返礼品を用意したり，アマゾンのギフト券を付けたりしていました。総務省は，こうした状況を改善しようと，総務大臣の指定をした自治体についてのみ，上記の特例控除を認める新制度を開始しました。泉佐野市は指定を申請をしましたが，不指定とされました。理由は，新制度開始前における同市の寄付金募集実績（＝返礼品の大盤振る舞い）がマイナスに考慮されたからです。新制度導入時に過去の実績に基づいて除外とする取扱い（いわゆる後出しじゃんけん）を，総務省の発した行政基準（告示）は認めていたのです。最高裁は，後から不利な要件を定めている告示部分について，地方税法が告示に委任した範囲を逸脱するものであるとして，違法と判示しました（最判2020（令和2）年6月30日民集74巻4号800頁）。

Chapter 8 マンション選びクイズ

クイズに挑戦しよう！

　読者の皆さんの中には，将来，マンションの購入を検討する人も少なくないことと思います。人生において最も高額な買い物の1つですから，慎重になることでしょう。ここでは，4つのマンション（いずれも10階建て以上の高層物件です）を紹介します。あなたなら，どのマンションを選びますか。

　第1は，JRの線路が建物の南側を走る，駅に近いマンションです。ベランダからは線路や駅が見渡せるなど，鉄道ファン必見の物件です。通勤，通学も便利で，最寄り駅まで徒歩5分の好立地です。

　第2は，国道（4車線）が建物の南に位置するマンションです。ドライブを楽しみたい方には，道路へのアクセスが抜群です。最寄り駅まで，徒歩で20分ほどかかります。

　第3は，南面に大きな駐車場が広がるマンションです。昼間には自動車も出払ってしまいますから，南面は見渡す限りオープンスペースです。自動車の騒音に悩まされる心配はありません。最寄り駅まで徒歩10分です。

　第4は，マンション南側にお墓が広がる物件です。深い思索と静けさを重視する方には，これ以上は望めない環境です。読書に最適です。最寄り駅まで，徒歩で10分ほどかかります。

　本講では，こうしたクイズを素材として，行政計画（とりわけ都市計画）の意義や効力を学習することとしましょう。

1 あなたはどれを選びますか

　教室では，受講生に自分ならどれを選ぶか，理由と合わせて質問していきます。学習院大学で聞きますと，東京では地下鉄やJRが発達しているせいでしょうか，駅に近い第1の物件が好まれる傾向にあります。これに対して，熊本大学などで聞きますと，自動車が主要な移動手段であるからか，道路に面した2番目のマンションが上位に来ます。自動車の騒音は心配しなくていいのですかと聞きますと，防音サッシ等で対応できるといった現実的な意見を聞くことがあります。こうしたなかで，第3に挙げた駐車場隣接マンションも，騒音から解放される点が好評で，常に上位に来ます（1位になることも少なくありません）。他方，4番目に挙げた，お墓に面したマンションは，紹介した途端に教室騒然。悲鳴と笑いがわき起こります。気持ち悪い，お化けが出る，お供物の残りが心配など，不人気の定番です。

2 ドミノマンションの悲劇

　ここで，1つの新聞記事を紹介します（次頁）。タイトルは「マンション　不満の連鎖」。新聞の写真には，高さ40メートル級の高層マンション3つが並列して建っていて，報道時には4棟目が着工予定でした。各建物の間隔は5メートルから10メートルときわめて近接しています。場所によっては，ベランダから向かいのマンションの壁まで3メートルと，ベランダから手を伸ばしたら向かいのマンション居住者と握手できるのではないかと思うほどの近接距離です。新聞に掲載された写真は，まさにドミノマンションの光景を伝えています。最も南に位置するマンションは通風や採光に恵まれていますが，その背後（北側）にあるマンションはいずれも，1日中，日当たりの悪い日陰の存在です。新聞報道によりますと，最初のマンションが建設された当時，南面は見渡す限りの空き地で日当たりはよかったようです。やがて，その南側に2棟目のマンションの立地計画が発表になると，最初のマンションの住民が横断幕を貼るなど，反対運動が起きたのです。そうした反対運動を横目に，粛々と2番目のマ

7階建て南に12階、その南に14階、その南にも…

マンション不満の連鎖

反対運動3度目 さいたま

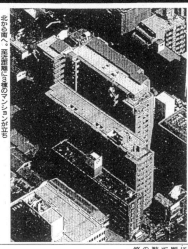

北から南へ。至近距離に3棟のマンションが立ち並んだ さいたま市浦和区の一角＝本社ヘリから

マンションの南側に至近距離で新たなマンションが建つ度に、「眺望と日照が奪われる」と反対運動が繰り返される。こんな「不満の連鎖」が続くさいたま市浦和区の一角。今月末、南側へ4棟目となるマンションに建築確認が下り、3度目の騒動が持ち上がっている。

「高層ビル建設絶対反対」「環境悪化は許さない」

JR浦和駅西口の開発規制が緩い商業地域。ドミノのように並び立つマンションの3棟目のベランダに、14階建ての自らの姿を否定するような横断幕がはためいている。

並び立つマンションの位置関係

1棟目が建ったのは80年。2棟目は18年後。3棟目は昨春、その約5ヶ月後に南に誕生。3棟目から南へ、約10ヶ月後に4棟目。建築基準法改正で、97年の建築基準が変わり、12、14階建てだ。94年の建築基準改正で、廊下など共用部分を容積率に算入する必要がなくなった。

1棟目から見れば、駅から徒歩10分。商店街にも近い一等地。けれど1、2棟目の住民らは、愛の外の「壁」をにらんで暮らしてきた。

約5ヶ月後に誕生した3棟目は、さらに南、約300メートル離れた駐車場に建つ。5月に竣工し、9階建ての低層住宅用ワンルームマンションに変わる。

そして今、3棟目の住民が「生活を守りたい」と訴え始めた。こんなに密集して建っているところが…

4棟目は、さらに南、巨大化に拍車がかかった。

ため、2、3棟目の側の道路に目を向けると、3棟目の北側、業者が補償金を支払うことと、2棟目の北側の道路に目を付けることなどで和解した。01年秋、処分を申請。...

ほかにありますか」

住民から相談を受けたさいたま市は言う。「違法な建物でない限り、行政は口出しできない」と言い、「延主側と十分話し合うよう」と助言した。

「後ろのマンションに比べれば精いっぱい配慮しているのだ」と売主側。「これは商売なんだ。われわれも生活がかかっている」

1棟目の住民は言う。「みんな勝手なことばかり言っている」

高層建築による住環境破壊に警鐘を鳴らす五十嵐敬喜・法政大教授は「規制緩和・法政の都市政策の典型的な縮図だ」と指摘している。

（朝日新聞 2003（平成15）年4月29日）

ンションが建築され，マイホーム獲得の夢を実現したファミリー層が大挙して入居しました。しばらくしますと，続いて，その南側に3棟目のマンション建築計画が発表され，今度は，2棟目の住民が猛反発。新聞報道時には，3棟目のマンション住民が4棟目の着工に反対していました。3棟目のマンション（14階建て，44メートル）のベランダには，「高層ビル建設絶対反対」と，自らの存在を否定するような横断幕がかけられたのです。その光景を目にした，1棟目のマンション住民は自分たちのかつての姿を重ね合わせて，深くため息。歴史は繰り返すわけで，反対運動もまたドミノ現象です。

　この記事から，日照や通風の大切さが再認識できます。皆さんが街を散策すると，近接して建設されたマンション，全く日陰になってしまったマンションを目にすることも少なくないかと思います。

3　都市計画という社会ルール

　どうしてこのようなことになったのでしょうか。日本では都市計画が定められており，エリアごとに土地の主な用途が定められているほか（これを**用途地域**といいます），その地域でどこまで大きな建物を建ててよいかが決まっています（次頁**図表1**参照）。正確にいいますと，あるマンションがトータルでどのくらいの床面積をもってよいかが決まっています（これを容積率〔敷地面積に対する総床面積の割合〕といいます）。容積率は，周辺道路などの公共施設の収容能力などを考慮して定められるのが原則です。容積率が高いことは大きな床面積をもってよいことを意味しますので，それだけ高い建物を建てられます。例えば，飲食店，銀行，百貨店などの商業系の業務を予定した商業地域では，商業目的に便利なように容積率はきわめて高く設定されているうえ，周りの建物への日照に配慮しなくていい（例えば北側の建物が日陰になってもかまわない）ルールになっています。商業目的のために高度利用を促進する反面で，高度利用に伴う不利益は甘受することが前提となった指定です。高層マンションは，高層建築を許容する商業地域などで建築されることが多くなっています。

　冒頭のマンション選びクイズに戻りますと，マンションの南側にJRの線路や国道があるマンションは，南側に建物を建てられることはありません。これ

図表1　用途地域

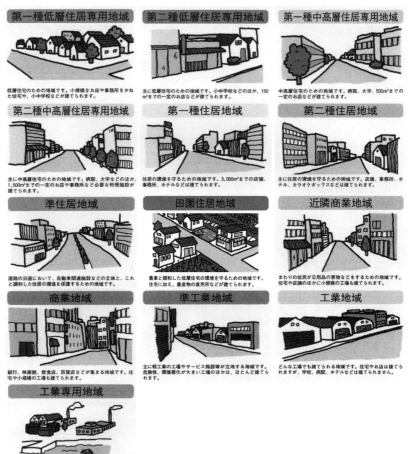

（出典）国土交通省「みらいに向けたまちづくりのために」4頁

に対し，高い人気を誇る駐車場隣接のマンションは，都市計画の仕組みからは，ドミノマンションのリスクが最も大きいものです。クイズでは10階建て以上の高層物件が対象ですから，高容積率を許容した商業地域等の指定がなされているものと考えられます。民法で勉強しますが，駐車場の契約はアパートの賃貸契約と違って簡単に解約できますから，開発業者はあっという間に駐車場を買い取って，まとまった土地を手に入れることが可能です。

　ここまで聞いておわかりのように，都市計画といった行政法で学ぶ内容が，私たちの生活に密接に関わっているのです。マンション販売業者は当該マンションがどのような用途地域に位置するのかなど，都市計画上の制限を広告に明記しなければならない決まりになっています。なぜなら，住み心地や今後の住環境の変化を買い主が判断するうえで，用途地域の種類や容積率は重要だからです。朝刊の折り込みチラシからマンション広告を取り出してみて下さい。広告下の隅には虫眼鏡で読めといわんばかりに，用途地域として小さな文字で「第1種中高層住居専用地域」などと書かれています。どうやら，社会的に重要な真実は細部に宿るようです。

4　なぜ，新しいマンションほど高層か

　新聞の写真を見て，A君が疑問に思ったのは，なぜ新しいマンションほど高層なのかという点です。たしかに，マンションは，24 m，36 m，44 m，26 mと新しくなるほど，つまり，南に向かうほど高くなっています（4棟目が低くなっているのは，業者が反対運動に配慮した結果です）。したがって，確実に日陰が生み出されていく点で，ドミノマンションの悲劇は深刻度を増しているわけです。建物が高くなっていくのは，次第に大きな容積率が認められたこと，つまり容積率が緩和されたことに起因しています。わが国では，バブル経済の破綻後30年余にわたる「失われた30年」とよばれる経済停滞期に入りました。そこで，1990年代初頭以降，景気浮揚策として**容積率緩和**が強力に進められてきました（具体的には，建築基準法の度重なる改正という形をとりました）。マンション業者に関していえば，大きな容積率を認めれば，同じ土地面積で一層多くの戸数を供給でき，それだけ多くの利益を手に入れることができます。つまり，容積率緩和は金銭提供と同様の経済的価値をもたらし，経済的には補助金提供と同じ誘導機能をもつのです（**経済的インセンティブ**とよばれます）。規制緩和の経済政策が，新しいマンションほど高くなるという現象，スカイライン（マンション上部と空との境目）の上昇，都心部や湾岸エリアにおけるタワーマンションの大量供給をもたらしました。このように，経済情勢や政策の変化により，街の形は激変し，そこに生活する人の生活にも大きなインパクトを与えた

のです。行政法は社会生活と深く関わっています。

Coffee Break　宿場町としての土地の記憶

B君は，なぜ，ドミノマンションを可能にするような建設用地が存在したのか，不思議でなりません。これには，このエリアの歴史が関わっています。江戸時代には（五街道の1つで江戸日本橋と京都を内陸で結んだ）中山道が通り，この土地は有名な宿場町として栄えていました。宿場町には多くの宿や商店・茶屋が道

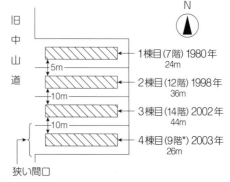

図表2　ドミノマンションの歴史的背景

- 1棟目 (7階) 1980年　24m
- 2棟目 (12階) 1998年　36m
- 3棟目 (14階) 2002年　44m
- 4棟目 (9階*) 2003年　26m

旧中山道

5m
10m
10m

狭い間口

＊9階建てと低くなっているのは反対運動に配慮した結果です。

沿いに並んでいましたが，当時の税金（年貢）は，道に面した（建物）間口の広さに応じて決められていました。そこで，屋敷の間口を狭くして，奥行きの長い形状の建物が好まれたのです。かくして，ウナギの寝床構造の町並みができあがりました。こうした形状は，現在まで引き継がれています。その結果，**図表2**に示したように，南北に通る中山道に平行して，東西に長い土地・建物が残るエリアが引き継がれたのです。こうした形状は，マンション業者にとっては，魅力に富むものです。というのも，東西に長い形態の土地にマンションを建築すれば，全戸が南に面したマンションとなり，採光や通風を求める顧客を容易に呼び込めるからです。こうして次々に南側にマンションが建築されていくことになったのです。

このように，私たちが暮らしている生活空間は，その土地の歴史と無関係ではありません。

5　加藤清正は偉かった

熊本県熊本市の中心には，石垣（武者返し）で有名な熊本城があります。そ

の南側には，かつての城下町が広がります。古町（ふるまち）とよばれるエリアです。この熊本城とJR熊本駅の間に広がる城下町を散歩していて気づくことは，街区が整然としている点です。加えて，四方を道路で囲われた街区の真ん中には，お寺と墓地が配置してあります。これは，南から薩摩藩が攻めてきた場合に，武士を集結する場所として予定していたようです。こうした町並みは，熊本城を築いた加藤清正による当時の都市計画が400年以上経った現在も維持されていることを示します。都市計画法に基づくものではありません。ここで注目すべきことは，日本人は簡単にはお墓をつぶさないという社会慣習の存在です。このことからしますと，マンション選びクイズで最も不人気であった墓地隣接マンションは，ドミノマンションのリスクから最も遠いことになります。

　マンション選びクイズを通じて明らかになったように，私たちが暮らしている生活空間は，都市計画法のほか，人々の宗教感情・社会風習によっても規律されているのです。法律学や行政法は決して無味乾燥な，暗記の学問ではありません。その機能をしっかり理解することができれば，社会を見る目を養うことができます。街歩きに，行政法は必需品です。

➡ポイント学習

　マンション選びクイズには，行政法で学ぶべき多くの基本的用語等が含まれていました。以下では，復習といきましょう。

(1)　建築活動と許可制

　土地の所有権は財産権の一種ですから，本来，所有者は自由に建築することが可能です。しかし，各人が勝手に建物を建てると，火事や地震で簡単に壊れて，住む人や近隣の人の生命や財産を危険にさらす事態が生じてしまいます。そこで，市役所の建築指導課などに建築確認を申請して，確認を得たあとでなければ建築工事に着手できない仕組みが採用されています（建築基準法6条1項）。各人の倫理や自由意思にゆだねていては，危険な建物の出現を予防できませんから，必ず申請を行い事前審査を受けるように強制する必要があります。

そこで，建築確認を受けずに行われる建築行為に対して刑罰が用意されたわけです（無確認の建築行為には，1年以下の懲役又は100万円以下の罰金が定められています。同法99条1項1号）。このように，市民の活動を刑罰の威嚇をもって禁止しておいて，個別審査のあとで禁止を解除していく仕組みを**許可制**といいます。これは行政法の代表的仕組みです。審査の結果与えられる**建築確認**は，**行政行為**の代表例です。

(2) 法律の根拠

　許可制を採用することは，本来は自由である建築活動を刑罰による制裁の下で禁止するものです。既に学習したように，これは行為規制の一種です。こうした許可制は，国会の事前承認（法律の授権）がなければ採用することができません（**法律の留保**）。現行法では，建築基準法が6条1項で建築確認を規定し，99条1項1号が無確認の建築行為に罰則を定めています。これは，法律の留保原則に応じた結果です。

(3) 行政計画としての都市計画

　都市計画には，今後の街づくりの姿，構想が描かれています。市が駅前開発や道路の拡幅，市街地整備を進める際の指針となります。また，都市計画には，高さ10メートル以下の低層住宅が建ち並ぶ「第一種住居専用地域」，高層商業ビルが建ち並ぶ「商業地域」，工場の集積する「工業地域」などの棲み分けが「用途地域」として示されています。このように，将来の行政施策の指針を示した**行政計画**が，各行政分野で多用されています。都市計画は都市法分野の計画であり，行政計画の代表例です。新しい都市計画を定める際に，計画案を縦覧したり，公聴会を開催したり，意見書を求めたり，審議会の意見を聴くなど，**市民参加**の機会が多数定められています。

(4) 都市計画と建築確認の連携

　都市計画で容積率，商業地域などが定められても，それを守らせる担保措置がなければ，計画上の定めは努力目標にとどまってしまいます。現行法では，都市計画で定めた内容が建築確認を出すための必須条件（法律要件）とされて

います。かくして，建築確認の申請審査において，申請者の建築プランが都市計画と適合するかもチェックされているのです。

Coffee Break　誘導策としての容積率ボーナス

　本講では，都市計画で容積率が定められ，景気浮揚策として容積率の緩和が進められてきたと説明しました。読者の中には，容積率は近隣道路などの公共施設の収容能力から科学的に算出されるのではないかと思う方がいるかもしれません。しかし，実際には，政策に適合した建築に対して容積率の割増しを行うなど，政策誘導の趣旨でご褒美を与える例は多くあります。皆さんの街で，中心地のデパートの前に広い遊歩道などの空間があったり，公園が設置されていたりする例が目につくと思います。これは，そうした公共空間を提供して市街地環境の整備に貢献した見返りに，さらに高層の建築が許可された例です（**公共貢献**とよばれています）。補助金のようにお金を出すわけではありませんが，**容積率緩和**という床面積のボーナスが経済価値をもつことから，開発業者が公共空間を提供するよう**誘導**することができるのです。絵本でタヌキが落ち葉をお金に換えていたのを覚えていますか。さながら，容積率は現代版錬金術です。こうした発想を進めると，容積率自体が経済取引の対象となり，容積率を増やしたい他人に対して未利用の容積率を譲渡する仕組みにつながります（これは**空中権**とよばれます）。例えば，東京駅は近年きれいに建て替えられましたが，JR は駅を 5 階建てにとどめて，その上の未利用の容積率を近隣にある高層ビルの事業者に売却することで，東京駅の復元費用を捻出することができたのです。

Chapter 9　江戸の敵を長崎で討つ

医療法，健康保険法

意地悪な法制度

　Aは病院を開設することとしました。そのためには，病院開設の許可（以下，**許可**といいます）が必要となります。これは，医療法に基づく規制の仕組みです。しかし，許可だけでは，当該病院の患者は保険証を利用することができません。つまり，病院の窓口で，診療費を全額自己負担しなければならないのです。Aは，保険証が利用できる病院（保険医療機関といいます）にするため，厚生労働大臣による指定（以下，**指定**といいます）を受けたいと思いました。これは，健康保険法に基づく仕組みです。

　2つの仕組みの全体像については，**図表1**を参照して下さい。Aが許可を申請したところ，知事から病院開設を中止するよう勧告（以下，**勧告**といいます）を受けました。その理由は，開設予定地のエリアでは医療計画で定める必要ベッド数を既に超えたために，病院開設を中止してほしいというものです。しかし，病院開設の意思が固いAは，勧告は知事の要望にすぎないと理解して勧

図表1　病院開設の行政過程

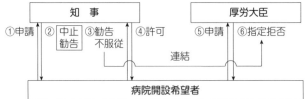

告を拒否しました。それでも，Aは許可を取得することができました。

　そこで，Aは，開設準備の第2ラウンドとして，保険医療機関の指定の申請準備を進めました。厚生労働大臣が定めた省令によりますと，Aは指定の申請に先立ち，病院の建物を建設するなど医療設備を整えたうえで，医師や看護師を雇うなど，スタッフを確保しなければなりません。つまり，指定申請に先立ち，Aは多額の資本を投下しなければならないのです。そこで，Aは銀行から借り入れを済ませ，これらの設備や人員の確保を終わらせ指定を申請しました。ところが，Aの指定申請は拒否されてしまったのです。理由は，Aが勧告を拒否したことにあるようです。既に借り入れを済ませているため，開業できない状態の中で利子だけは膨らみ続けています。Aは窮地に追い込まれてしまいました。Aは指定申請の拒否処分を争うつもりです。勧告は知事からのお願いにすぎないと思って拒否したのに，Aは報復を受けたと感じています。

　この事例を素材に，わが国で多用されている行政指導を学習します。

1　病院に関する規制

　本事例は，病院を舞台としたものです。病院は市民生活にとって切っても切り離せない施設であり，行政法により様々な規制を受けています。その理由は，専門知識のない者や不十分な施設の下で医療行為が行われては，患者の生命や身体が侵害されるおそれが大きいからです。事故が起きた後で損害賠償を請求したところで，失われた生命や健康は取り戻せないのです。医療事故を防ぐ目的で，専門知識を有した行政機関が，病院の開設に先立ち審査を行っています。本件では，3つの審査が病院の開院前に義務づけられています。

　1つは，診察にあたる者は，医師免許をもっていなければならないという規制です。医師法という法律に定められていて（2条），医師でなければ医業をしてはならない旨が規定されています（17条）。これに違反した者には3年以下の懲役もしくは100万円以下の罰金（またはこの併科）が定められています（17条，31条1項1号）。医師増員を進めてきた結果，医師数は2018年には32.7万人にまで増加しています（次頁**図表2**参照）。

　2つは，病院の施設面に関して，病院を開設しようとする者は開設許可を受

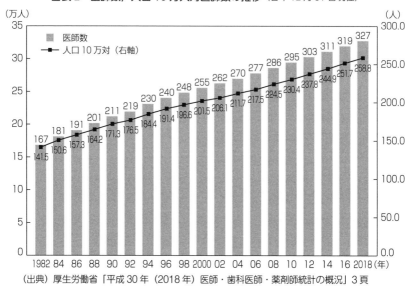

図表 2 医師数，人口 10 万人対医師数の推移 (各年 12 月 31 日現在)

(出典) 厚生労働省「平成 30 年 (2018 年) 医師・歯科医師・薬剤師統計の概況」3 頁

けなければならないという規制が存在します。医療法が，開設許可の仕組みを規定しています。審査を徹底する趣旨で，無許可で開設した者には 6 月以下の懲役又は 30 万円以下の罰金に処することを定めています (7 条 1 項，87 条 1 号)。

3 つは，健康保険法に基づき診察や治療等の給付を受ける (つまり，保険証の利用を認める) ために，指定が必要となります (63 条 3 項 1 号)。この仕組みにより，医療保険運営の効率化や給付内容及び負担の適正化が図られています。

2 行政指導について

今回の事例で注目すべき行政活動は，病院開設許可の申請手続中に行われた病院開設中止**勧告**です。2005 (平成 17) 年 7 月 15 日の最高裁判決 (民集 59 巻 6 号 1661 頁) が出るまで，一般に，開設中止勧告は**行政指導**であると理解されてきました。行政指導とは，行政機関が市民に対して一定の行為を行うことや不作為を要請するもので，それに従うかは市民の自由意思にゆだねられています (行政手続法 2 条 6 号)。つまり，市民が任意に行政指導に従う限りで，行政機関

はスムーズに事務を進めることができるのです。このように市民の協力を前提
とした行政指導は，柔軟な行政活動を可能にする手法であり，わが国ではきわ
めて頻繁に用いられています。

　行政指導はその定義に明確に現われているように，相手方の自由意思に基づ
くものですから，相手方に対して強制手段を伴って服従を求めるものであって
はならないのです（行政手続法 32 条）。

3　中止勧告は行政指導？

　病院開設の中止勧告が行政指導と理解されてきた理由について，説明するこ
ととしましょう。まず，勧告という名前に注目して下さい。一般に，指導，指
示，勧告といった名称は，行政指導に多く見られるものです。もっとも，名前
は手がかりにすぎません。重要なのは，その行為がもつ実質的な性質です。つ
まり，中止勧告に従うかが相手方にとって自由なのか（＝拒否することにより不
利益を被ることはないのか）です。相手方が自由であれば，その行為は行政指導
です。医療法に基づく開設許可は同法所定の要件を充たしていれば与えられる
ものであり，本件でも勧告に従わなかったにもかかわらず，Ａには開設許可
が出されました。医療法だけに焦点を当てて考えますと，勧告に従わなくとも
開設許可は出されている点で，不服従を理由とした不利益取扱いは存在しませ
ん。このように考えて，勧告は行政指導であるといわれました。

　しかし，もう少し視野を広くして，保険医療機関の指定申請過程まで含めて
考えますと，様相は異なってきます。勧告に不服従だった結果として，Ａに
対する指定が拒否されました。この点で，不利益取扱いがなされているように
みえます。つまり，勧告の相手方が自由であるとはいえないのではないか，と
いう疑問が生じます。

　かりに，「中止勧告に不服従の場合には，指定は与えない」と健康保険法に
明文で書いてある場合には，不服従は指定拒否という効果をもちますから，中
止勧告は行政指導ではありません（市民の権利に影響を与えますから行政行為に該
当します）。もっとも，本件が争われていた当時，こうした明文規定は存在しま
せんでした。当時の健康保険法には，著しく不適当と認めるときには指定拒否

ができるとだけ書いてあって（旧43条の3第2項・第3項），他方で，厚生労働省の局長が行政機関に宛てた通達の中で「中止勧告の不服従は健康保険法で言う著しく不適当な場合に該当する」という見解を示していたのです。通達は公表されませんから，一般市民には見えません。こうした不透明な形で，不服従と指定拒否が実務上は結びつけられていたのです。別の言い方をしますと，法律上の表舞台では勧告は行政指導の装いをとっていたのですが，通達を媒介として実は指定拒否と結びついていたのです。

　こういった事情があって，形式的にみれば勧告は行政指導の身なりをしていますが，実質に着目して分析すると行政行為の性格をもっています。2005年7月15日の最高裁判決は，後者の立場に立って，勧告を行政行為（処分）であると性格づけたのです。

4　善玉行政指導と悪玉行政指導

　行政指導といっても，その内容は様々です。市民の任意の意思を尊重しながら行政活動を柔軟に進めることに貢献するものもあれば，市民を困らせる行政指導もあります。丁度，コレステロールに善玉と悪玉があるように，行政指導にもそうした2種類が存在します。冒頭事例は，悪玉行政指導の例です。Aからしてみたら，勧告は行政指導だろうと思って従わなかったところ，後の指定の審査段階で泣かされたわけです。まさに「江戸の敵を長崎で討つ」といった事態となりました。こうした行政指導は，しばしばみられます。

Coffee Break　指定拒否を争えば足りる？

　そんなに悪い行政指導だったら，裁判で争えばよいし，それで十分ではないかと思う読者も少なくないでしょう。前述した最高裁の2005年判決が出るまでは，Aのように病院を開設しようとする市民は，保険医療医指定申請の拒否を捉えて訴訟を提起していました。これですと，最終盤の行為を争うことになり，そこから1審，2審，最高裁と裁判は続きます。行政機関の側は，資金も人手も充分ありますから，ゆったりと裁判に臨めます。他方，Aは指定病院として営業できず，患者も来ない状況で，裁判闘争に明け暮れざ

るをえません。高額の負債を抱えて開設準備をしたうえで，長期にわたる裁判を余儀なくされるのです。こうした光景は，偶然のものでしょうか。そうではなくて，こうした負担は役人により計算された結果なのです。

　整理しますと，通達を使って目に見えない形で勧告の不服従に指定拒否という制裁を結びつけ，加えて，勧告に従わない者には借金を背負わせて長期の裁判を余儀なくしたのです。意図的に，こうした制度設計が選択されていた点が重要です。福岡高裁は，こうしたからくりを見抜いて，「行政庁の専断を許す法システム」と指摘したのです（福岡高判 2003（平成 15）年 7 月 17 日判タ 1144 号 173 頁）。

5　行政指導の限界

　行政指導は相手方の任意の協力に依拠したものであって，強制に及んではなりません。これは，行政指導の大原則です。強制や強迫に及ぶ行政指導は，違法と判断されます。行政指導（の限界）をめぐる紛争は建築法の領域で多く見られたことから，ここでは典型例を素材に行政指導の限界を説明します。マンション建設を契機に，多数の入居者が（小学生の子どもなどを連れて）転入する場合には，市は新しい学校を急遽建設するほか，道路や下水道等を新設することを余儀なくされます。そこで，市は行政指導の準則として**要綱**を定めました。ここでいう要綱は，議会で制定されたものではなく，行政機関が定めた規定です。市民に様々な行政指導を行う際の準則を定めたものです。このように複数人に宛てた行政指導の準則のことを，行政手続法は**行政指導指針**とよんでいます（2 条 8 号ニ）。要綱に基づいて市職員がマンション業者に対して建物の高さを制限するよう要請したり，開発負担金を寄付するよう要望するほか，近隣の住民と事前に話し合いをするよう求めることがあります（実際に，裁判でもこうした行政指導の適法性が争われてきました）。

（Q）　要綱に基づく行政指導に不服従の意思を真摯に示している市民（開発業者）に対して，市は次のような措置を実施することが可能か，検討して下さい。
　㋐　建築確認の申請について，建築確認を留保すること

（イ）　水道供給の申請について，水道契約の締結を拒否すること
（ウ）　不服従の事実ないし不服従市民の氏名を市が制裁目的で市のホームページ等で公表すること
（エ）　職員が不服従の市民の事務所や自宅に連日押しかけて，長時間圧力をかける言動等を繰り返すこと

　行政指導は相手方の任意の協力に依拠しなければならず，強制にわたってはなりません。ここで禁止されている強制は，法的効果をもつ行為（法的行為）によるもののほか，（法的効果をもたない）**事実行為**によるものも含みます。したがって，（ア）や（イ）のような法的行為であっても，（ウ）や（エ）のような事実行為であっても，相手方に不利益をもたらし，そうした不利益が相手方に対する強迫ないし制裁の機能を果たす場合には，行政指導は違法となります。強制にわたるか否かは，法令の趣旨や個別事案の状況，行政指導によって市が守ろうとする公益の内容などを総合判断する必要があります。

　（ア）から（エ）の行政指導は，いずれもやり過ぎで，違法と解釈することができます。少しコメントしますと，（ア）では，建築確認の審査を留保して行政指導を行うことが直ちに違法であるとは，最高裁も解釈していません。その理由は，行政機関が市民を説得して，市民の翻意を促すことが行政指導には期待されているからです（市民が反対したら直ちに指導は違法になるとすれば，行政指導の利用範囲は著しく狭くなってしまいます）。しかし，相手方が不服従について「**真摯かつ明確な意思の表明**」をした場合には，以後，行政指導を続けることは，任意である行政指導の限界を超えて違法であると判示しています（最判1985（昭和60）年7月16日民集39巻5号989頁）。こうした解釈を前提とすれば，（ア）の指導は違法です。また，（イ）のような生活や生存に直結する水道を担保手段にすることは許されません。水道法は給水義務を規定していて，水道法の目的に街づくりが入っていないことに注目しますと，水道法上の権限を建築行政に連結して使うことは違法です。また，（ウ）にみられる公表措置では，市民に対する情報提供がメインなのか，制裁が主目的なのかがポイントです。制裁の趣旨が濃厚である場合には，そうした目的でなされた行政指導は強制・強迫と解釈できますので，（ウ）の指導は違法と解されます。（エ）は，業者の営業や従業員の私生活にまで圧迫

をかけていますし，その態様も限度を超えていますから，強制・圧迫と解釈することができます。このように，行政指導の限界に関しては，個別の判断が必要となります。

（補講）手続による行政指導の統制

　最後に，行政指導を統制するために法定された行政手続について説明します。
　行政機関が申請者に対して，申請を取り下げるよう，しつように求めることは禁止されています（行政手続法33条）。また，行政指導は，密室で，証拠を残さずに行われたことの反省として，現在では行政指導を明確化するための手続ルールが法定されています。具体的には，行政指導を行う場合に，行政機関は相手方に対し，①趣旨，②内容，③責任者を明確にしなければなりません（35条1項）。指導が口頭で行われた場合に，相手方は①から③の内容を明示した文書を交付するよう請求することができます（書面交付請求）（同条3項）。加えて，法律で規定された行政指導の場合には，当該指導が違法であるときは中止を求めることも可能です（36条の2第1項）。

Chapter 10 活かされなかった教訓

災害対策基本法

土砂災害から身を守る

　市民の生命や身体を侵害から守ることは，行政法にとって最も大切な使命です。テレビや新聞の報道を見ても，安心・安全の確保が強調されています。傾斜の急な山が多いわが国では，台風や大雨，地震を契機に，土砂災害により命が失われ多数の犠牲者を出してきました（土砂災害の発生状況は，図表2に示したとおりです）。記憶に新しいところでは，2013年10月に伊豆大島で土石流災害が起こり，死者・行方不明者が39名に上りました。また，2014年8月には，広島市安佐南区や安佐北区で豪雨による崩落で，74名の命が奪われました。新聞報道によれば，避難勧告（現在の避難指示）の発表が遅かったのではないか，土砂災害警戒区域の指定が進んでいなかったのではないか，といった指摘がみられました。2021年7月には，熱海で（斜面に土を盛って平らにする）盛り土を行った場所において，大規模な土石流災害が発生しました。盛り土への産業廃棄物の混在や斜面を安定化させるための排水措置の未実施が，被害を甚大化させたのです。

　災害対策の分野で，行政法はどのような仕組みを用意しているのでしょうか。なぜ上記のような指摘が豪雨のたびに繰り返されてきたのでしょうか。本講では，災害から命や身体を守る法制度を素材に，警戒区域指定といった手法のほか，避難指示など**事実行為**について学習します。

1 災害対策基本法

豪雨，洪水，地震，津波といった自然現象による災害に対して，防災を目的とした基本法として，災害対策基本法が制定されています。これは，1959

図表1 災害対策基本法における基本施策

主要な災害対策 ── 災害予防 / 災害応急対策 / 災害復旧

年9月に日本中部を襲った伊勢湾台風の被害を踏まえて制定されました。同法では，国，都道府県，市町村のそれぞれが防災に関して責務を負うことが規定されています（3条〜5条）。

主要な災害対策として，同法では，①災害予防（第4章〔全21条〕），②災害応急対策（第5章〔全73条〕），③災害復旧（第6章〔全4条〕）の3つを挙げています。これは，時の流れに即して施策を整理したものです。つまり，災害が発生する以前の平時から災害を防ぐために行われる**災害予防**，実際に災害が発生するおそれがあるときや発生したときに生命や身体を守るためになされる**災害応急対策**，災害が生じた後に生活支援など被害の復旧を行う**災害復旧**の3つで

図表2 土砂災害の発生状況の推移（各年12月31日現在）

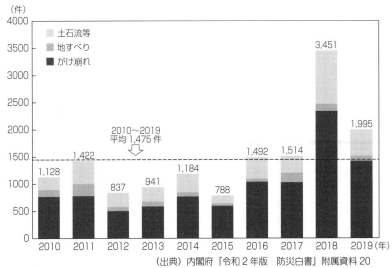

（出典）内閣府『令和2年版　防災白書』附属資料20

図表3 土砂災害におけるハード対策とソフト対策

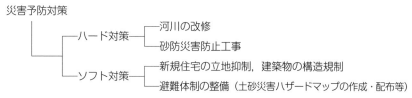

す。条文の数からみても明らかなように，同法は災害予防と災害応急対策の2
つに重点を置いています（他方，災害復旧への対応は薄くなっています）。

　冒頭事例で登場した**警戒区域の指定**は，危険なエリアを予め市民に知らせ，
当該区域での開発や居住を抑制し，規制するといった施策です。これは災害予
防の代表的手法です。他方，災害時に災害に関する情報を提供したり，避難指
示等を発令するのは，災害応急対策の代表例です。このほか，仮設住宅を用意
するとか，公営住宅を被災者に提供するのが，災害復旧の典型例です。

2　災害予防の多様性

　災害による被害を未然に防ぐための災害予防は，様々な形で実施されていま
す。平時には関係者によって中央防災会議や地方防災会議などが開催され，防
災基本計画や都道府県地域防災計画が策定されています。これは代表的な行政
計画です。これによって，関係者相互の利害調整や連携強化が図られます。ま
た，災害が起こった際に，他の地方公共団体の協力を得られるように，公共団
体相互で協定を結んでおくことも連携強化の一環です。なお，災害予防は災害
という名称の付いた法制度だけによって行われているわけではなく，様々な分
野の行政施策によっても実施されています。例えば，洪水対策という観点から
は，河川整備に関する施策は，代表的な災害予防策としての意味をもちます。
具体的にいえば，河川法に基づき，河川整備基本指針や河川整備計画が策定さ
れ，改修の必要性・緊急性の高いところから逐次河川の整備が進められていま
す。限られた予算のもとで施策を展開せざるをえないため，こうした漸時達成
の形で整備が進められているのです（最判1984（昭和59）年1月26日民集38巻2
号53頁）。また，地震対策としては，建築物の耐震性能を向上させる耐震補強

①急傾斜地の崩壊：傾斜度が30度以上と急な土地が崩壊する現象

②土石流：山腹崩壊等で発生した土砂等が水と一体となって流下する現象

③地滑り：地下水等に起因して土地の一部が滑る現象

④河道閉塞による湛水：土石等により河道が閉塞し水がたまる現象

の充実が大切です。こうした施策は、建築基準法に基づく耐震基準によって進められています。このほか、火災の際に、延焼が広範囲に及ばないように、緩衝地帯として広い幅員の道路を整備することや、老朽建築物の敷地所有者が共同して耐火構造ビルを建築することが、密集市街地整備法に基づいて進められています。**木造密集地域**（木密〔もくみつ〕とよばれます）は、過去の経験からみても、老朽化した建物の倒壊や火災による燃え広がりといったリスクを抱えています。このように、災害対策基本法を中心にして、個別の法律が協力して、災害予防施策は進展が図られてきたのです。

　これまで述べた点は、施設や設備の整備・充実に着目したもので、**ハード対策**とよばれます。これに対し、区域を指定して（災害を惹起する）開発や建築行為を規制する施策、避難訓練の実施、避難場所の周知、各種ハザードマップの作成など、**ソフト対策**もあわせて実施されています。

3　警戒区域指定による災害予防

⑴　土砂災害防止法上の仕組み

　多様な災害予防対策の1つとして、警戒区域を指定する仕組みが存在します。以下では、土砂災害を例に警戒区域の仕組みについて説明します。

　わが国では、市街化の圧力が強く、比較的地価の安い都市周辺部において居住地域が拡大してきました。その結果、山間部の麓でも開発が進められたことから、土砂災害のリスクが高まってきたわけです。こうした点に着目して、土砂災害防止法（正式名称は「土砂災害警戒区域等における土砂災害防止対策の推進に関する法律」）が制定されています。これは、1999年6月に起きた広島災害（土砂災害発生件数325件、死者24名）を契機に制定されたものです。この法律でいう土砂災害は、**図表4**に示したように、主に4つを内容とするものです（2条）。

図表 5　土砂災害にかかる法システム

①都道府県による基礎調査

↓

②警戒区域の指定 ── 警戒避難体制の整備（ハザードマップの作成・配布等）

↓

③特別警戒区域の指定───→開発規制
　　　　　　　　　　　　→建築物の構造規制
　　　　　　　　　　　　→建築物の移転等の勧告

(2)　多段階にわたる規制システム

(a)　基礎調査の実施

　土砂災害防止法は，災害を予防するために 3 段階にわたる規制を定めています（**図表 5** 参照）。まず，国土交通大臣が策定した「土砂災害防止に関する基本指針」に基づき，おおむね 5 年ごとに基礎調査を行うよう都道府県に義務づけています（4 条 1 項）。これは**行政調査**とよばれる活動です。

(b)　土砂災害警戒区域の指定

　次に，調査の結果，急傾斜地の崩落等によって住民の生命や身体に危険が生じるおそれがあると認められる区域について，都道府県知事は**土砂災害警戒区域**を指定することが可能です（7 条 1 項）。冒頭事例では，広島県知事がこの指定権限をもっています。警戒区域に指定されますと，**警戒避難体制の整備**が図られ（8 条），例えば，土砂災害ハザードマップの作成や配布等がなされます（このほか，宅建業者は不動産取引の際に重要事項として顧客に説明することが義務づけられます〔宅地建物取引業法 35 条 1 項 14 号〕）。

(c)　土砂災害特別警戒区域の指定

　さらに，警戒区域の中でも，急傾斜地の崩落等によって住民の生命や身体に「著しい」危険が生じるおそれがあると認められる区域について，知事は**土砂災害特別警戒区域**を指定することができます（9 条 1 項）。土砂災害特別警戒区域に指定されると，宅地分譲など一定規模以上の土地を造成する開発行為は禁止され，当該行為を望む者は知事の許可を受けなければなりません（10 条 1 項。**開発許可制度**といいます）。また，工事完了後には知事の検査を受けなければならず，検査が済むまで建築行為は制限されます（18 条 1 項・3 項）。このほか，

建築物の構造について規制が課され，厳しい構造耐力基準が定められます（24条）（さらに，建築物の移転等の勧告がなされるほか〔26条〕，不動産取引において許可は重要事項として説明が義務づけられています〔宅地建物取引業法35条1項2号〕）。かりに土地所有者が当該区域において無許可で開発を行ったり，建築行為を行った場合には，1年以下の懲役又は50万円以下の罰金という罰則の適用があります（38条1号・2号）。このように罰則の威嚇をもって，開発や建築行為に対する規制が担保されています。

> ## Coffee Break　被災に関する土地の記憶
>
> 　先人は，地名を工夫することによって自然災害の痕跡を残し，後世への警告を行ってきました。例えば，*3*(1)でふれた広島災害で被害を受けた地域は，かつては「蛇落地悪谷（じゃらくじあしだに）」とよばれていました。ここでいう蛇は水の神様である竜を意味し，災害（水害）のイメージを後世に伝える役割を果たしていたのです。現代でいえば，警戒区域を指定してハザードマップを作成するのと同様の機能を地名が果たしていたわけです。しかし，この地名ではイメージが悪いと考えたのか，「上楽地芦屋（じょうらくじあしや）」と，音は似ていても漢字としては全く異なる地名へと変更され，やがては，この地名部分はすべて消滅しました。そこへ，大規模な水害が発生したわけです。ここに見られる歴史的経緯は，地名を用いて災害情報を共有することの大切さを示す教訓であるといえましょう。

(d)　同意に基づく規制

　土砂災害防止法を見ると，危険な場所について警戒区域や特別警戒区域を指定すると規定されていますので，皆さんは災害予防は全国で対策済みと思うかもしれません。しかし，実際には，こうした指定制度は充分に活用されてこなかったのです（次頁**図表6**参照）。冒頭事例でも，新聞報道によれば，調査が完結しておらず，指定手続が進んでいなかった点が指摘されています。同様の光景は，日本のあちこちで見られました。法律に書いてある事項が，「本当に執行されているのか」といった視点をもつことが重要です。

　指定の仕組みが進まなかった理由として，複数の事情が考えられます。

　1つは，地方公共団体の財政難から，調査費用がうまく捻出できなかったと

図表6　全国の土砂災害警戒区域等の指定状況

※2020年3月末時点の土砂災害防止法に基づく基礎調査の完了区域数671,921区域

（区域数）

■ 土砂災害特別警戒区域数
□ 土砂災害警戒区域数

2009: 74,158 / 178,448
2010: 103,268 / 219,903
2011: 129,787 / 258,504
2012: 169,890 / 309,539
2013: 201,828 / 349,844
2014: 236,453 / 395,894
2015: 282,516 / 438,321
2016: 331,466 / 487,899
2017: 378,983 / 531,251
2018: 428,253 / 574,148
2019: 490,363 / 622,036

（出典）国土交通省『令和2年版　国土交通白書』314頁

いう点です。被害が生じていない段階で，予防施策のために資金を投入することは，財政的に困難を伴います。

　2つには，警戒区域や特別警戒区域に指定すると，そこに居住している市民や区域内の土地を所有している市民から，地価が下落する（資産価値を減少させる）という苦情が出されることが多く，これを行政担当者はおそれてきました。土砂災害防止法によれば，市長は，2つの区域指定にあたり，指定に先立って，県知事に意見を述べることができます（換言すれば，知事は意見聴取の機会を設定する義務を負うわけです。7条3項・9条3項）。こうした場合に，市長は地元住民の意見を聴いて，区域指定について同意を求めることをしばしば行ってきました。同意を前提として規制区域の設定を行うという運用は，わが国では決して珍しくありません。注意してほしいことは，地方公共団体レベルでは，市民と行政担当者の距離が近いということです。市民は知事や市長を選ぶ有権者であるうえ，様々な利害関係が存在します。行政機関は，権限を行使した後の影響に過敏に反応する傾向にあります。そのため，利害関係者の同意を得たうえで，

規制を行うといった運用（同意に基づく規制）がみられたのです。

　しかし，災害対策は人命に関わることですから，地価への影響といった考慮は横に置いておき，危険な箇所については粛々と指定を進めるべきです。

4 避難指示等による災害応急対策

(1) 消防─警察─自衛隊の連携

　災害が実際に発生したり，発生のおそれが生じた場合には，災害応急対策として，国や都道府県，市町村の行政機関が救助・救援にあたります。その場合に，対応にあたる実働部隊が様々な組織に分散している点に注目して下さい。具体的には，避難や救助にあたる消防は，市町村の組織です。他方，救助や交通規制にあたる警察は，都道府県の組織です（換言すれば，市町村に警察組織は存在しません）。さらに，大規模災害で救助に登場する自衛隊は，国の組織です。こうした複数の組織の連携を図ることが重要です。災害対策基本法は，市民に近い立場の市町村長が災害応急対策で主導的役割を果たすことを期待しています。それを前提に，市町村長は，自己の手に余る場合には，警察の出動を知事に依頼したり（68条），自衛隊の出動を要請するよう知事に求めることが可能です（68条の2第1項）。

(2) 情報の提供

　行政機関は様々な情報提供を行っており，これらは（法的効果を伴わない）**事実行為**に相当します。気象状況の悪化のおそれがある場合には気象庁から**早期注意情報**が出され，気象状況が悪化した場合には**大雨注意報・洪水注意報・高潮注意報**が出されます。災害のおそれがある場合には災害応急対策として市町村長から①**高齢者等避難**が出され，災害のおそれが高い場合には②**避難指示**が出されます。

　1番目の**高齢者等避難**は，お年寄りや体の不自由な方を対象に，早期に避難を開始してもらうための情報提供です。これは法律に規定されておらず，実務上行われています。

　第2に，市民に全員が必ず避難するよう呼びかける**避難指示**があります。こ

図表7　避難情報の名称改正

警戒レベル	新たな名称	以前の名称
5	緊急安全確保 （必ず発令される情報ではない）	← 災害発生情報
4	避難指示　← 一本化	避難指示（緊急） 避難勧告
3	高齢者等避難　←	避難準備・高齢者等避難開始

れは災害対策基本法60条1項に規定されています。これも，市民に対する情報提供，市民に避難を要請する行政指導であり，市民に対して法的拘束力をもつものではありません。市民は，この段階で必ず避難を開始するものと理解されています。

　以前は，避難指示に加えて避難勧告が法定されていました。どちらも従わなかったからといって強制されるわけではなく，両者の違いがわかりにくいといった意見が聞かれました。また，避難勧告の段階で避難すべきであるにもかかわらず避難せず，避難が遅れて被災する例が多く見られました。そこで，2021年の災害対策基本法改正で，避難勧告は廃止され避難指示に一本化されました（**図表7**参照）。これは避難のタイミングを明確に示すための改正であり，改正後の避難指示は以前の避難勧告の段階で発令されるものとされています。

　法律が避難命令ではなく，避難指示という用語にとどめたのは，避難をして生命や身体を守るのは第一義的には当該市民本人の問題であることから，命令にはなじまないと考えたためです。

(3)　垂直避難という避難類型

　避難は，従来，現在住んでいるところから市町村が指定した避難所への移動と考えられてきました。しかし，場合によっては，自宅から避難所に移動する途中で河川が決壊していたりして，むしろ移動しない方が安全確保のためには望ましい事例も報告されています。そこで，最近では，同じ家屋やビルの上層階に移動することも避難の一種であることが認識されてきました。これを，**垂直避難**とよぶことがあります。災害対策基本法は60条3項で「屋内

の屋外に面する開口部から離れた場所での待避」をとるよう市町村長は指示することができると規定されています。

⑷　避難指示の的確な発令

　広島災害で指摘されていたように，避難指示の発令が遅れれば，市民の生命に関わります。市民の生命は市町村長の判断に依存しているのです。それでは，重要な発令がなぜ遅れたのでしょうか。市町村長が発令に躊躇した原因として，1つには，市町村長が，気象や地質・河川，地震などの専門家ではないということがあります（専門性の欠如）。多くの部署から発せられる多様な情報を的確に判断して，避難指示発令の判断に結びつけることは，市町村長にとって容易な作業ではありません。2つは，避難指示を出してみたものの，災害が発生しなかった場合（いわゆる，空振りの場合）に，市民から批判を受けないかといった考慮があげられます。もっとも，近時では，積極的な避難指示発令の重要性が理解されてきたため，実際には，そうした批判は多くないようです。3つは，避難指示が空振りとなった場合に，避難指示に伴い避難所開設等に要した費用が市町村の負担になる点も，積極的な避難指示の発令を抑制する要因であるようです。

　こうした事情に鑑みますと，的確な避難指示の発令を実現するためには，市町村長をサポートする専門の補助スタッフを拡充するなど，組織面で機能強化を図ることが重要となります。

One step ahead／わかりにくい避難情報名称の改正

　避難情報の名称は，これまで迷走を続けてきました。例えば，高齢者や障害者などに早くからの避難を促す情報である高齢者等避難は，度重なる変更を繰り返してきました。2005年の避難準備（要援護者避難）情報，2014年の避難準備情報，2017年の避難準備・高齢者等避難情報と市民にとって覚える暇がありません。情報の対象者を明確化する趣旨で，2021年に「高齢者等避難」と改正されたのです。

　また，警戒レベル5を示す**緊急安全確保**は，これで（災害発生やその切迫を示す）最高ランクの警戒度を表現できているのか疑問が残ります。加えて，緊

急安全確保措置として**垂直避難**が 60 条 3 項に定められていますが，垂直避難が避難指示の段階でも有用であることからすると，混乱を招く規定だと思います。2021 年法改正では，避難すべきである趣旨を明確化する意味で避難勧告を廃止して避難指示に一本化されましたが，これでも市民にその趣旨が伝わらないのであれば，思い切って避難命令などの直截な表現を採用した方がいいのかもしれません。避難情報の名称は市民に受け入れられなければ無意味ですから，民間のコピーライターの知恵を借りる必要もありそうです。

5 事実行為の重要性

　行政法では，行政活動について法的行為と事実行為を区分してきました。前者は法的効果をもつ行為であり，行政行為，行政契約，行政基準（行政立法）など数多くの類型の下で考察がなされてきました。これに対し，事実行為は法的効果をもたないこともあって，分析が進んでいません。**事実行為**には，災害情報等の提供行為のほか，行政指導も含まれます。事実行為にも，人命に関わるものなど重要なものが多く含まれますので，関心をもってほしいと思います。

＊本書で掲載した図記号（82 頁，90 頁，159 頁）は JIS（日本工業規格）として定められています。

Chapter 11　ロックダウンは憲法違反？

感染症法，新型インフルエンザ等対策特別措置法

パンデミックと新しい生活習慣

　Aは2020年3月にドイツ出張を予定していました。航空券や宿舎の手配も全て終わり，スーツケースに詰めこんで準備万端。しかし，朝目を覚ますと，ドイツが近隣諸国との国境を封鎖したとのニュースが飛び込んできました。中国湖北省武漢市から発生した新型コロナウイルスが全世界へと広がり，ヨーロッパ各国で猛威を振るったため，国境を閉じる国，都市を封鎖する国，外出を制限する国などが続出しました。ロックダウンという言葉で代表されるように，規制に違反すると刑罰が科されるといった強制措置が諸外国で広く見られました。日本でも，その後，緊急事態宣言が出され，三密（密閉，密集，密接）を避ける生活やリモートによる授業や勤務が推奨されるなど，生活様式も大きく変容しました（感染者数の推移に関しては，次頁図表1参照）。もっとも，日本では外出自粛など，お願いを基礎として感染者数を押さえ込む努力が続けられました。欧米とは対照的な感染対策が採用されたのです。しかし，そうした要請が無視される事例が生じたことから，政府はようやく2021年2月に至って関連法律を改正し，規制的措置を執ることができるようになりました。

　本講では，上記事例を素材にして，わが国の特殊性も併せて，行政上の義務の実効性を確保する手段について学習します。

図表1　東京都における感染者数の推移

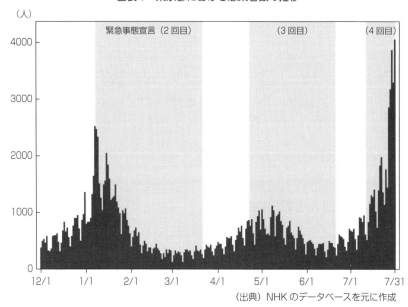

(出典) NHK のデータベースを元に作成

1　感染症対策の法的仕組み

(1)　感染症法と新型インフルエンザ等対策特別措置法

　感染症にかかった患者に対して入院勧告や強制入院を実施したり，ウイルス
に汚染された場所を消毒し汚染された建物を使用制限するなど，ミクロの感染
症対策手段を定めたのが**感染症の予防及び感染症の患者に対する医療に関する**
法律（以下，感染症法といいます）です。保健所が行う調査もまた，感染症法に
より実施されます。感染症法は，主として，感染症が発生した後の行動制限な
どを定めています。他方，感染症が蔓延した場合には，供給できる医療資源
（病床や対応する医療スタッフを意味します）を患者数が上回ってしまい，医療崩
壊を起こすおそれがあります。そこで，マクロの視点から蔓延防止手段を体系
化した法律として，**新型インフルエンザ等対策特別措置法**（以下，特措法といい
ます）が制定されました。特措法に基づき，緊急事態宣言が発令されたり，休

講要請や休業要請などがなされます。

(2) お願い中心の仕組み

2021 年の法改正の前には，内閣総理大臣が緊急事態宣言を発令した場合であっても，実際に行政機関が執ることのできる措置は限定されていました。簡単に言えば，お願いを中心とした取り組みにすぎません。例えば，夜遅くまで営業を続ける店舗があり，クラスター発生のおそれがある事例で，行政機関が営業自粛を指示し，それでも従わない場合に，その店舗名を公表することはできます。しかし，そうした指示をし，公表を行っても，営業を続けるパチンコ店が見られました。つまり，営業自粛による営業損失が我慢できないと事業者が腹をくくった場合には，行政機関にはもはや実効性確保の手段が存在しなかったのです。このように指示に従わない事業者に対して強制的手段が用意されていませんでした。

立法者が緩やかな仕組みにとどめていたのには，理由があります。1 つは，日本では社会からの同調圧力が強いために，行政機関から要請された事業者が氏名公表までされますと，多くの場合，風評や周りの市民からの批判を意識して自粛する傾向があります。これは欧米と異なる点でして，日本で行政指導が活用されてきた原因です。2 つには，感染症対策として，ハンセン病施策を始めとして，公権力による恣意的な権力濫用が繰り返されてきた歴史があり，その反省から制限的な仕組みとされてきたのです。このようにロックダウンが用いられてこなかったのは理論上の帰結（憲法上の制約）ではなく，立法政策の結果です。

もっとも，上記のような不服従者が出てきたり，病院を抜け出す入院患者が報告され，さらには保健所の検査を拒否する者が現れますと，感染症拡大のおそれがありますから放置するわけにはいきません。そこで，営業自粛の指示により課した義務に履行確保手段を用意する必要があります。これを**行政上の義務の実効性確保**とよびます。2021 年法改正は，義務履行確保を目的とした改正でした。

(3) 2021 年法改正の内容

感染症法や特措法改正では，実効性確保機能に着目して，当初の法律改正案には懲役や罰金が制裁手段として盛り込まれていました。しかし，国会審議の中で野党の反対もあり，最終的には過料へと修正されました。具体的には，改正感染症法では，入院拒否や入院先からの逃亡の場合について 50 万円以下の過料が新設され（80 条，46 条 1 項・2 項），疫学調査の拒否についても 30 万円以下の過料が定められました（81 条・15 条 3 項）。同様に，改正特措法でも，時短営業命令に違反した場合には 30 万円以下の過料（79 条・45 条 3 項），まん延防止等重点措置に違反した場合には 20 万円以下の過料が設けられました（80 条 1 号・31 条の 6 第 3 項）。以下では，懲役・罰金や過料といった手法を例に義務履行確保のメカニズムを説明します。

2 代表的手法としての行政刑罰

　行政上の義務履行確保手段として法律上広く用いられているのが，義務違反に対して懲役や罰金といった刑罰を科す**行政刑罰**です。行政刑罰も刑罰ですから，法律が定めていない場合には利用することができません。**罪刑法定主義**ないしは**法律による行政の原理**（特に**法律の留保原則**）によって，**法律の根拠が要請**されるのです。本講の事例に即していえば，営業自粛義務に違反した者に行政刑罰を適用しようとすれば，刑罰を科すことを許容した法律規定を置く必要があります。

　刑罰が法律で規定されますと，それを科されることをおそれて，飲食店などが自発的に営業を取りやめることが期待されます。この限りで，（制裁としての機能をもつ）行政刑罰は，行政上の義務を履行させる機能を果たしているということができます。わが国で実効性確保手段として行政刑罰がよく用いられる理由は，刑罰を科すために必要な手続として，刑事訴訟法により裁判手続が整備されている点にあります。つまり，第二次世界大戦までは，行政機関限りで（つまり裁判所の関与なく）義務履行が行われ，人権侵害が多発したことから，その反省の意味もあって裁判所が関与する手続が好まれたのです。刑罰を科すためには慎重な手続が必要となる点では機動的な手段であるとはいえません。

図表 2　行政罰の種類

```
　　　　　┌─（反社会性が高い義務違反）：行政刑罰…………懲役，罰金等
行政罰 ─┤　　　　　　　　　　　　　　（刑事訴訟手続による）
　　　　　└─（軽微な義務違反）　　　 ：行政上の秩序罰…過料
　　　　　　　　　　　　　　　　　　　（非訟事件手続などによる）
```

しかし，刑罰が法律に規定されると市民の側で自制するといった萎縮効果には大きなものがあり，刑罰を規定する意義は大きいのです。

3　行政上の秩序罰としての過料

　過料には様々な性格のものがあります。2021 年の法改正で用いられたものは，行政上の義務違反に対する金銭罰としての性格をもつものです（**行政上の秩序罰**とよばれます）。一般には，反社会性の高い義務違反に対する行政刑罰に比べ，軽微な義務違反の場合に，行政上の秩序罰が用いられるとされています（**図表 2** 参照）。過料は義務違反に対する制裁としての性格をもちますので，法律の根拠を要します。過料は刑罰ではないので，実現するための手続として刑事訴訟法は適用されません（過料は，非訟事件手続法に基づいて裁判所が科すこともあれば，地方自治法に基づいて行政手続によって科すこともあるなど，個別法の規定により手続が異なります）。なお，過料を科された者に前科が付かない点は，行政刑罰と比較した場合の特色です。

4　支援措置を通じた実効性確保

　行政刑罰にせよ，行政上の秩序罰である過料にせよ，いずれも行政機関が命じた義務に違反した過去の行為に対して，**制裁**として権力的に不利益を課すための手段です（両者はまとめて，**行政罰**とよばれます。**図表 2** 参照）。*Chapter 2* で「北風と太陽」の例で説明したように，行政機関が用いる手段は，このような規制型手法に限定されるわけではありません。他方で，授益的な手法も存在します。2021 年の特措法改正では，過料の規定が新設される一方で，顧客が激減し収入の減少に苦しむ事業者に対して，状況を踏まえた支援を検討すること

も法律案の修正協議の中で盛り込まれました。こうした支援金には，憲法上の財産権保障から根拠づけられる損失補償にあたるものがあります。もっとも，憲法上の保障として根拠づけられるものは限定されます（損失補償については，***Chapter 18*** で学習します）。実際には，立法者が政策として給付する（憲法上の要請ではなく，自主的な）支援金が多く見られます（**政策上の補償**）。これは支援金を支払って，営業時間の短縮や休業を事業者に受け入れてもらう手法です。

5 義務履行確保と即時執行

　以上で説明した行政刑罰や過料は，いずれも行政上の義務が履行されない場合に，履行を実現するための手段です。感染症法を見ますと，感染症にかかった者に対して，**強制隔離**や**強制入院**を認めた規定が存在します。これらは患者の身体に対して実力行使するもので，感染源となる者を社会から切り離す目的を実現する点で，義務履行確保手段の１つではないかと考えるかもしれません。しかし，義務履行確保手段とは，命令や指示によって行政機関から予め義務が課されていて，それに従わない場合に担保手段として用いられるものです。つまり，先行して行政上の義務が存在している点がポイントです。営業自粛義務を例にとると，当該義務を前提として不履行の場合に用いられる点で，行政刑罰や過料は義務履行確保の代表例です。これに対し，強制隔離や強制入院の場合には，前提となる義務の賦課がありません。正確にいうと，多くの場合，義務を課している時間的余裕がないのです。義務の賦課がなく直接に実力行使がなされることから，**即時執行**とか**即時強制**とよばれてきました（図表3参照）。なお，即時執行も身体等に対する強制力の行使ですから，法律の根拠が必要です。

　強制隔離や強制入院の場合であっても，個人に判断する機会を与えずに，いきなり身体を押さえつけて行うのは，あまりに乱暴です。そこで，感染症法で

図表3　義務履行確保と即時執行の違い

	先行する義務賦課	強制力の存在	法律の根拠
義務履行確保手段	○	○	○
即時執行	×	○	○

図表4　事前手続保障から見た比較

	事前手続	強制力行使
義務履行確保手段	義務の賦課 ──────▶	刑罰や過料など
即時執行（伝統的形態）	―	強制入院など
即時執行（感染症法）	入 院 勧 告 ──────▶	強制入院など

は，強制入院の場合でも，予め入院を勧告する手続が挿入されています。この場合であっても，勧告は行政指導であり義務を課すものではありませんから，義務が予め賦課されているわけではないのです。したがって，そのあとに来る強制入院は，義務履行確保手段ではなく即時執行です。しかし，入院勧告という手続がワンクッション入っている点では，同法にいう即時執行は，義務賦課段階が先行する義務履行確保の仕組みに一歩近づいたということができます（**図表4**参照）。

（補講）行政上の強制執行

本講では，行政上の義務を履行させる手法として，行政刑罰や過料について見てきました。広く用いられている行政刑罰は，裁判所によって実現される点に特色があります（**司法的執行**といいます）。これに対し，伝統的には，行政機関が自ら義務の実現を強制的に執行できる手法（**行政的執行**といいます）が見られました（**図表5**参照）。典型例として，違法建築物の撤去（除却）を所有者が行わない場合に，市の職員が代わりに撤去を行うという活動（**行政代執行**といいます）があります。これは，撤去義務を課した行政機関が自ら取壊しという執行まで行うことができる点で，行政権に認められた特権です。なぜなら，一般市民は，相手方が義務を履行しない場合に，自分で強制的に義務の実現を図る

図表5　司法的執行と行政的執行

	代表例	履行手続	法律の根拠
司法的執行	行政刑罰	司法手続	○
行政的執行	行政代執行	行政手続	○

図表 6　代表的な行政的執行

名　称	実現すべき権利	義務の種類	法的根拠
強制徴収	金銭債権	金銭支払義務	国税徴収法など
行政代執行	非金銭債権	代替的作為義務	行政代執行法

ことが禁止されているからです。これを，**自力執行の禁止**といいます（市民は裁判所に訴えを起こして，義務を執行官に強制執行してもらう必要があります）。したがって，行政的執行は，**自力執行禁止原則の例外**をなします。

　行政的執行は，権力的な行為ですから**法律の根拠**が必要です。上で紹介した行政代執行では，行政代執行法という法律が制定されており，これが根拠規範となっています。

　戦前や戦中に行政的執行が行政権によって濫用された反省もあって，行政的執行を定めた法律は，現在では多くありません。代表格が，①滞納された税金を税務行政機関が自ら強制的に徴収する**強制徴収**と，②上で説明した**行政代執行**です（図表 6 参照）。強制徴収は金銭債権について利用され，行政代執行は非金銭債権に利用されます。強制徴収も法律の根拠が必要で，国税徴収法，地方税法などが根拠法です。なお，行政代執行は，義務者以外が代わって強制的に義務履行を図るものですから，他者が代わって履行することができる義務（これを**代替的作為義務**といいます）に利用が限定されます。例えば，違法建築物を撤去する義務は第三者が代わって行うことができますから行政代執行を利用できます。他方，健康診断義務などは他者が代わって受診したところで意味がないので，行政代執行は使えません。同様に，営業を停止せよといった**不作為義務**にも，行政代執行は使えません。行政代執行は事務負担が大きいため，長らく利用されてきませんでした。しかし，近年，空家対策などで活用例が増えています（*Chapter 2* の Coffee Break 参照）。

Chapter 12　いじめ事件の真相に迫る

職員会議は何を議論したのか

　大学生のA君は，甲市が設置する中学校でいじめを受けた経験があり，いじめ問題に関心をもっています。2018（平成30）年度の調査結果では，小・中・高等学校及び特別支援学校におけるいじめは約54万4000件（学校総数の約80.8%）にも上っています（次頁図表１参照）。中学校当時，A君や両親は学級担任や校長に改善を求めましたが，いじめは続き，やむなく祖母の住む隣接市の中学校へと転校したのでした。大学で行政法ゼミに参加して，職員会議の議論状況を調べたいと考えるようになりました。

　本講では，A君の事例を素材にして，行政文書の開示を求める手段，行政情報の公開制度について，基礎から学習します。

1　情報公開と公立図書館

　情報公開は，市役所などの行政機関が保有する行政文書に対して，市民が閲覧（や複写）を求める仕組みです。現在では，国，都道府県，市区町村の３つのレベルにおいて情報公開制度が存在します。第１に，国の行政機関に関しては，**行政機関情報公開法**（正式名称は「行政機関の保有する情報の公開に関する法律」）が制定されています。第２に都道府県レベル，第３に市区町村レベルにおいて，それぞれ情報公開条例が存在します。行政機関情報公開法や各自治体

図表１　いじめの発生件数の推移

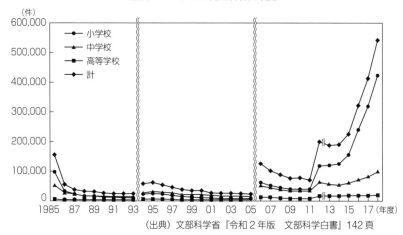

（出典）文部科学省『令和２年版　文部科学白書』142 頁

の情報公開条例には若干の違いはありますが，おおよその仕組みは同じです。ここでは，行政機関情報公開法と同じ内容の条例が甲市でも制定されていることを前提に，検討を進めます。

（Q1）　情報公開は，公立図書館の仕組みに似ているといわれることがあります。どこが似ているのか，具体的に説明して下さい。

　両者で似ているのは，(1)市民が窓口で行政文書（電磁的記録も含まれます）や図書を特定して閲覧の希望を出せば閲覧することができること，(2)閲覧対象の行政文書や図書が市民に共有の資産であると理解されていることです。情報公開制度発祥の地アメリカでは，行政文書は現在執務している担当職員の私物ではなく，行政機関と市民が共有する財産であるといった考え方が存在します。こうした考え方に基づいて，情報公開制度は発展しました。

Coffee Break　説明責任

　行政機関情報公開法や多くの情報公開条例では，第１条で情報公開制度の目的として説明責任の履行を掲げ，政府の「諸活動を国民に説明する責務」という表現を用いています。情報公開の基礎に置かれた説明責任の考え方は，

今日では行政法領域に広く妥当する基本原則として発展しています。

2 社会のデータベースとしての行政機関

（Q2）　B君は将来民間の会社で働くつもりなので，行政機関情報公開法は今後の生活に関係ないと考えています。情報公開の学習をスルーしようとするB君に対して，アドバイスして下さい。

　同様の感想を教室で聞くことがあります。注意してほしいことは，情報公開の仕組みで開示請求の対象となる文書（これを**行政文書**といいます）は，行政機関が「作成した」文書に限られないということです。つまり，行政機関が「取得した」文書も含まれます。行政機関には民間会社や市民から数多くの許可申請書や届出などが提出される結果，莫大な文書や情報が蓄積されているのです。行政機関の手元には社会の巨大なデータベースが存在し，これを基礎に行政機関は日々行政活動を行っているのです。そうした情報を市民も原則として共有することができる（＝開示請求して閲覧できる）という仕組みが，情報公開制度です。もちろん，他者の目に触れてはいけないプライバシー情報や企業秘密なども含まれていますから，そうした情報への開示請求については行政機関が拒否することでプライバシーや企業秘密の保護を図っています。

Coffee Break　組織共用文書

　開示請求の対象となる行政文書について，以前は，決裁が終了した文書といった定義が存在しました。しかし，これでは，行政機関が決裁をわざと怠ることで市民からの開示請求を免れる抜け道が残ってしまいます。そこで，行政機関情報公開法は，決裁の有無にかかわらず，「行政機関の職員が組織的に用いるもの」と行政文書を定義しています（これを**組織共用文書**といいます）（2条2項）。

3 申請者の支援

> (Q3) C君は行政にはなじみがないので，市役所の窓口に行って，「この文書を見せて下さい」などと請求する自信がありません。ゼミのレポートで行政情報を収集する場合にどうすればいいか，アドバイスして下さい。

　市役所や県庁に精通した市民など，ほとんどいません。ですから，役所を訪れた当初から「○月△日作成の教育委員会のD文書」などと，文書を特定して開示請求することができる市民は稀です。もっと大まかな要求からスタートすることで十分ですから，安心して下さい。市役所の情報公開窓口に行って，例えば，いじめ問題に関心がある旨を伝え，公立中学校における近年のいじめの件数やいじめに対する市の対応を知りたいなどと相談すれば，請求の仕方について窓口の職員からアドバイスがもらえます。こうして，「○年度における甲市の市立中学校でのいじめの件数を記した文書」などと，請求すべき文書をはっきりさせることができます。こうしたプロセスを**文書の特定**といいます（地味ですが，実際には重要な手続です）。申請者は行政の素人ですから，請求文書の特定について厳密性を要求されたりすると，情報公開制度の利用は実質的に閉ざされてしまいます。こうした配慮から，文書特定は緩やかに考える方向で運用されています。

　相談は申請前に行われることもあれば，申請後に，このような文書を希望ですねといった問い合わせが役所からきて，申請書の訂正を求められることもあります（これを**補正**といいます）。申請時の相談や申請書の補正が丁寧かつ親切に行われると，開示請求の処理は円滑に進みます。逆に言いますと，情報公開でもめている事案の相当数は，初期対応が粗雑に行われたことに起因します。

4 個人情報

> (Q4) 開示請求の仕組みでは，どういった行政文書であれば閲覧が可能であ
> り，いかなる情報が開示を拒否されるのか，Ｅさんは開示基準について疑問に
> 思っています。閲覧の可否を判定する具体的基準はどこを見ればわかるのか，
> Ｅさんにアドバイスして下さい。

　情報公開制度では，外国人も含め誰でもが**開示請求権**をもつとされています
（行政機関情報公開法3条）。つまり，**原則開示の仕組み**です。そのうえで，プラ
イバシー情報などは申請者に見せるわけにはいかないことから，例外的に不開
示とされています。不開示とされる情報について，行政機関情報公開法や情報
公開条例が規定しています。これを**不開示情報**といいます。行政機関情報公開
法は，①個人情報，②法人情報，③国の安全情報，④公共の安全情報，⑤国の
機関等の内部又は相互間における審議，検討又は協議に関する情報，⑥行政運
営事務や事業の遂行に支障を及ぼすおそれのある情報，といった6種類の不開
示情報を定めています（5条）。実際に請求された文書が不開示情報に該当する
かは，個別の解釈問題となります。

　ここでは，個人情報を例に，具体的に考えることとしましょう。個人情報は，
個人が特定されるもの（これを**個人識別情報**といいます）と定義されており，こ
れは不開示とされます。例えば，請求対象文書に「山田太郎」などと書かれて
いれば，同氏が特定されるので開示されません。また，その文書に氏名が書か
れていなくても，（容易に入手できる）他の情報を併せて見ると，山田太郎に関
する文書だとわかる場合も不開示情報にあたります。このように他の情報を加
味して判断する方法を，**モザイク・アプローチ**とよびます。なお，個人識別情
報を不開示としたのは，個人の（秘密にしておきたいという）利益を尊重する趣
旨ですから，例えば，市がホームページで氏名を既に公表していたり，新聞で
特定個人名が報道された場合には，公知の事実として保護する必要がないこと
から，個人識別情報であっても開示対象となります。

　個人識別情報や特定企業のノウハウを内容とする法人情報などは，不開示が原則です。しかし，こうした個人や法人の保護すべき利益を上回る公共的利益が認められる場合には，例外的に開示しなければなりません（これを**公益上の理由による義務的開示**といいます）。例えば，ある食品工場に対する行政検査の結果を記した行政文書は法人情報を含むことから，原則不開示です。しかし，食品の衛生に関する情報を含み，消費者の健康に関わり，消費者の生命・健康・安全という公益が法人の利益を上回る場合には，開示しなければなりません。

Coffee Break　存否応答拒否

　不開示情報である個人情報について開示請求がなされた場合には，行政機関は不開示決定によって個人情報を保護します。しかし，そうした対応によっても個人の保護すべき利益を守ることができない場合があります。例えば，公立病院の保有するＦのカルテについて開示請求があった場合に，個人情報該当を理由に開示を拒否したとしても，Ｆのカルテが存在することは申請者に判明してしまいます。つまり，通院歴や（その病院が特定疾患の専門病院であると）特定の病気にかかっていたことを知られてしまうわけです。そこで，このように不開示決定によっても個人の保護法益を守ることができない場合には，請求された文書が存在するとも存在しないとも明らかにしないことが認められています。これを**存否応答拒否**（ないしは**グローマー拒否**）とよびます。他の例としては，分野を特定して，次年度の資格試験や採用試験の試験問題検討文書を開示請求する場合があります。これらは前記⑥の不開示情報に該当しますが，不存在だと行政機関が応答すれば当該分野は出題されないことが判明してしまいます。他方，不開示情報に該当するとして開示を拒否すれば，当該分野から出題される事実が明らかになってしまいます。結局，存否を明らかにせず応答を拒否するしか方法が存在しないのです。

5 自己情報の開示請求

> (Q5) G君の以下の質問に答えて下さい。
> 「個人が識別される個人情報の開示請求は不開示ということですが，例えば，自分が公立中学校でいじめを受けた場合に，後日，学校の職員会議でどのように自分の案件が議論されたのかを知りたくて，同会議録の開示を請求することはどうですか。自分の名前が載っていたとしても，自分の情報ですから，それを見たところでプライバシー侵害は生じません。そうだとすると，自分の情報に限っては個人識別情報であっても開示されるのですね。」

　G君の個人情報を，G君本人が開示請求することを**本人開示**といいます。G君の質問は，合理的で論理性に富んだ内容です。しかし，現行制度の作り方は，異なっています。情報公開制度は市民一般としての資格で請求するものと考えられています。つまり，誰が請求するかによって対応を変えるものではないと考えて作られました。したがって，G君が自分の情報を開示請求する場合であっても，請求対象文書からG君個人が識別される場合には，情報公開制度では開示拒否にしかならないのです。現行制度では**個人情報保護**の仕組みが別途用意されていて，本人開示の問題は個人情報保護で対応するものと整理されています。多くの市町村では，情報公開と個人情報保護は同じ窓口で対応していますので，自分の情報について開示を求める趣旨を伝えれば，情報公開条例ではなく，個人情報保護条例に基づいて開示請求をするよう教示してくれます。

6 海苔弁文書

> (Q6) Hさんの以下の質問に答えて下さい。
> 「個人識別の基準については，よくわかりました。しかし，行政文書には個人名とか，電話番号，メールアドレスなどが記載されているのが普通でしょう

> から，これらが掲載されていれば不開示だと，結局，開示できる行政文書は限
> 定されてしまいませんか。」

　たしかに，文書に氏名が載っていれば直ちに当該文書は全面不開示だとすれ
ば，開示できる文書は限られてしまいます。しかし，その氏名の部分を黒塗り
してしまえば，一般の市民には誰に関する文書か推察できない場合があります。
こうした措置により個人情報を守ることができるのであれば，一部を不開示に
してできるだけ残部を開示するといった運用がなされています。これを**部分開
示**といいます。部分開示を行う場合には，情報公開室の職員が時間をかけて内
容を精査し，黒塗りをして閲覧に供しています。黒塗りの多い開示文書は，
「海苔弁文書」とよばれています（110頁**写真**）。マジックで黒塗りしただけで
は隠した内容が透けて見えてしまうこともあるので，実務では黒塗りしたもの
を複写して，複写の方を閲覧に供しています。ここまでのエネルギーを割いて，
この仕組みは運営されているのです。

7　不開示決定への対応策

（Q7）　Iさんの以下の質問に答えて下さい。
　「原則公開とはいっても，公務員は秘密を好むし，開示請求の処理も面倒で
すから，不開示事由に当たりますとか，そのような文書はありませんなどと対
応して，結局，不開示で終わってしまうのではないですか。市長が違法ないし
不当に不開示決定をした場合に，申請者はどのような手段を使って開示を求め
ていくことができるのか，教えて下さい。」

　これには2つの救済方法が存在します（**図表2**参照）。1つは，市長に再考を
促す**行政上の不服申立て**（**審査請求**）です。これによれば，申立人は特別な費
用を要しませんし，迅速な処理が期待できます。市長は自分で考え直すだけで
は足りず，応答をする前に第三者から構成される**情報公開・個人情報保護審査
会**の意見を聴く必要があります（これを**諮問**といいます）。同審査会は審査にあ

たり，請求されている文書を実際に見聞することができます（これを**インカメラ審理**といいます）。審査会による意見（**答申**）は公表されます。市長は答申に法的には拘束されませんが，専門家の意見ですので，尊重して審査請求に対する応答（これを**裁決**といいます）を行います。不開示を肯定した裁決（棄却裁決）が下された場合には，不服申立人は行政訴訟で争うことも可能です。

2つは，不開示決定に対して直ちに行政訴訟を提起するという方法です（申請拒否決定ですので，①拒否決定の取消訴訟，②取消訴訟と義務付け訴訟の併合提起という2つの方法があります。行政訴訟については後で詳しく扱います）。行政訴訟を用いる場合には，デ

図表2　不開示決定に対する救済手段

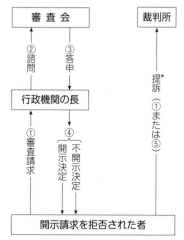

＊提訴は直ちに行うこともできれば，行政機関への審査請求の後に行うこともできます（行政事件訴訟法8条1項参照）。

メリットとして訴訟費用がかかりますし，判決まで時間もかかります。他方，独立性の高い裁判所が裁断を下す点や，慎重な訴訟手続により審査される点でメリットがあります。

（補講）情報公開と個人情報保護

　情報公開制度は，行政機関の説明責任を基礎に，市民一般が行政文書の開示を請求する仕組みです。この制度のもとでは，個人識別情報は，**5**で述べたように，開示請求者本人が開示請求する場合であっても開示されません。他方，個人情報保護制度は，個人が自己の情報についてコントロールする権利（**自己情報コントロール権**といいます）をもつという理解のもとに成立しました。まず，都道府県と市町村の先導的な取り組みにより個人情報保護条例が制定され，これを受けて**行政機関個人情報保護法**（正式名称は「行政機関の保有する個人情報の保護に関する法律」）が制定されたのです。2021年には，個人情報保護法，行政機関個人情報保護法，独立行政法人等個人情報保護法を個人情報保護法に統合

図表3　2つの情報制度の比較

	開示請求権	（本人開示）	訂正請求権	利用停止請求権
情報公開	○	（×）	×	×
個人情報保護	○	（○）	○	○

し，社会全体でデータの利活用を円滑化させるために地方公共団体の個人情報保護制度についても個人情報保護法で全国的な共通ルールを定める法改正が行われました。

　個人情報保護法制のもとでは，行政文書に記載された自己情報について開示を求めることができるほか（**開示請求権**），情報が事実に反する場合には訂正を求めることも認められています（**訂正請求権**）。さらに，利用停止を求めることも可能です（**利用停止請求権**）（両制度の比較は，**図表3**参照）。このように，個人情報保護の仕組みは，本人開示のほか，訂正請求権や利用停止請求権まで認めている点で，情報公開制度を超えた側面をもちます。これら3つの請求に対して請求拒否の決定が出され，審査請求が申し立てられた場合には，長は**情報公開・個人情報保護審査会**への諮問を義務づけられます。

　個人情報保護制度では，個人情報の取扱いに関する基本原則が規定されています。具体的には，①行政機関が必要な範囲を超えて個人情報を収集しないこと，②利用目的に沿った利用を行うこと，③個人情報を正確に作成・保管することなどです。

（朝日新聞社　提供）

Chapter 13 タヌキの森はいま

行政事件訴訟法

マンション建築紛争

　東京の山手線目白駅から西へ500メートルほど離れた丘陵地に，マンションの建築計画がもちあがりました。場所は閑静な住宅街で，南側に面した傾斜地に位置するマンションからは，新宿を一望することができます。このエリアはグリーンベルトの一部を形成しており，野鳥が生息するほか，タヌキの棲む森として知られていました。

　マンション業者Aは新宿区の建築主事から建築確認を取得したうえで，マンション工事に着手しました。これに対し，長い年月をかけて形成されてきた町並みや豊かな自然が破壊されることを懸念して反対運動が発生しました。マンションの近隣住民は，建築確認は違法であると主張して，新宿区を相手に建築確認の取消しを求めました（この訴訟を**取消訴訟**といいます）（図表1参照）。

　本講では，違法な行政活動を是正するための行政訴訟について，代表例である取消訴訟を学習します。あわせて，取消判決が出るまで，マンション建築をストップするための手法も紹介します（これを**執行停止**といいます）。

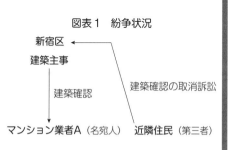

図表1　紛争状況

新宿区
建築主事

建築確認　　　　　建築確認の取消訴訟

マンション業者A（名宛人）　　近隣住民（第三者）

1 取消訴訟について（概論）

⑴ 行政訴訟を用いる

図表2　2つの行政争訟

行政活動の是正手段（行政争訟）――┬―行政訴訟
　　　　　　　　　　　　　　　　　└―行政上の不服申立て

　行政活動の是正を求める手段（これを**行政争訟**といいます）には，2つの種類が存在します（**図表2**参照）。1つは，裁判所に是正を求める**行政訴訟**，他の1つは，行政機関に見直しを求める行政上の**不服申立て**です。本講では，行政訴訟を扱います。行政訴訟に関しては，**行政事件訴訟法**が定めています。

⑵ 抗告訴訟と当事者訴訟

図表3　抗告訴訟と当事者訴訟の区分

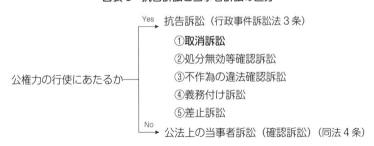

　行政訴訟には様々な種類がありますが，行政行為を攻撃対象とする**抗告訴訟**と，行政行為以外の行政活動をターゲットにする**当事者訴訟**との区別が重要です（**図表3**参照）。抗告訴訟とは，**公権力の行使に関する不服の訴訟**といった意味です。冒頭事例は，建築確認という行政行為を争うことから，抗告訴訟を用いることになります。

⑶ 抗告訴訟の代表格としての取消訴訟

　抗告訴訟は，複数の訴訟を含む用語法です。数ある抗告訴訟の中で，最も利用されている代表選手が取消訴訟です。取消訴訟は行政行為に対する**取消判決**

図表4　二面関係訴訟

国
（地方運輸局長）

①営業停止命令　②取消訴訟

タクシー業者（名宛人）

図表5　三面関係訴訟

新宿区
（建築主事）

①建築確認の申請　②建築確認　③取消訴訟

マンション業者（名宛人）　　近隣住民（第三者）

を求めて提起される訴訟です。取消判決が下されれば，行政行為は始めからなかったものとして，その効力が否定されます（これを「遡及的に効力を消滅させる」といいます）。冒頭事例では，建築確認取消訴訟において取消判決が出れば，建築確認は遡及的に効力を失いますから，マンション業者Aは適法に工事を進めることができなくなります。換言すれば，マンション建設に反対の周辺住民は，取消判決により目的を達成することができるのです。取消訴訟以外にも，抗告訴訟には義務付け訴訟や差止訴訟などが存在します。

⑷　二面関係訴訟と三面関係訴訟

　取消訴訟には，利用される場面に着目した場合，2つのパターンがあります。
　まず，タクシー業者に対して地方運輸局長が運賃規制違反を理由に営業停止命令を出した事例では，業者は当該命令に対して取消訴訟を提起することができます（**図表**4）。ここでは，処分の名宛人である業者が原告となり，国と名宛人という2当事者の関係（二面関係）で取消訴訟が用いられています。
　これに対して，処分（建築確認）の名宛人ではない者（これを**第三者**といいます）が原告となって取消訴訟を提起する例があります。冒頭の事件はこうした事例です。ここでは，新宿区，マンション業者，周辺住民という三面関係の中で取消訴訟が使われています（**図表**5）。これは少し複雑な利用方法です。

2　取消訴訟の流れ

　建築確認取消訴訟が，どのような手続で進行していくのか，その概略を見ることとしましょう（次頁**図表**6参照）。
　訴訟が提起されると，裁判所はまず，取消訴訟が利用可能なのか，利用条件

図表 6　取消訴訟の流れ

訴訟要件の審査 ─────→ 本案審理 ─────→ 判決
　＝利用条件の審査　　　　　　＝処分の適法性審査　取消判決など
　　(1) 処分性
　　(2) 出訴期間
　　(3) 原告適格
　　(4) 被告適格　等

を審査します。訴訟の利用条件のことを**訴訟要件**といいます（図表6に記した
ように，処分性のほか様々な要件があります）。訴訟要件を欠く場合には，取消訴
訟は却下され裁判は終了します（**却下判決**）。新聞報道で門前払いといった見出
しが登場するのは，このケースです。この場合には，行政活動が適法であった
のかというメインの司法審査（これを**本案審理**という）は行われません。訴訟要
件を充たしたら，次に本案審理を行い，建築確認が違法であると判断されれば，
建築確認を取り消す判決（**取消判決**）が出されるのが原則です（**請求認容判決**）。
他方，建築確認が適法であれば，**請求棄却判決**が下されます。例外として，建
築確認の違法性を判決で宣言するものの，（その取消しが公の利益を著しく侵害す
る）特別の事情が存在することを理由に，取消しを行わず，請求を棄却する判
決が存在します（これを**事情判決**といいます）。各段階での審査結果と判決の関係
を整理したのが**図表7**です。

　以下では，取消訴訟手続の流れを概観する目的で，利用条件の審査（以下，
3），本案審理（以下，**4**），判決（以下，**5**）の順で解説します。最後に，取消訴訟
に関する「仮の権利救済手段」である執行停止について説明します（以下，**6**）。

図表 7　2 段階の審査結果と判決の種類

（審査 1）
　利用条件を満たしているか（訴訟要件の審査）
　　├─→ 未充足 ─→ 却下判決
　　│
　　│　　　　　　　**（審査 2）**
　　└─→ 充足　─→ 処分は適法か（本案審理）
　　　　　　　　　　　├─→ 処分＝適法 ─→ 請求棄却判決
　　　　　　　　　　　└─→ 処分＝違法 ┬→ 請求認容判決（取消判決）
　　　　　　　　　　　　　　　　　　　　└→ 請求棄却判決（事情判決）：例外

3 利用条件の審査

⑴ **処 分 性**

　取消訴訟は，行政行為の効力を否定するための訴訟として制度化されました。したがって，取消しを求める対象が行政行為であることが利用条件となります。こうした対象適格を表現するために，行政事件訴訟法では「**公権力の行使**」といった文言が用いられています。取消しの対象行為が公権力の行使に当たる場合を「**処分性**がある」といいます。行政行為については *Chapter 5* で説明しましたが，最高裁は処分性について以下の公式を示しています（最判 1964（昭和 39）年 10 月 29 日民集 18 巻 8 号 1809 頁〔東京都ごみ焼却場事件〕）。

> （処分とは）「行政庁の法令に基づく行為のすべてを意味するものではなく，公権力の主体たる国または公共団体が行う行為のうち，その行為によつて，直接国民の権利義務を形成しまたはその範囲を確定することが法律上認められているものをいう」。

最高裁の公式に関しては，次の 4 つの特色に注目して下さい。
　⒜　法令に基づく行為であること
　⒝　公権力の主体である国または公共団体の行う行為であること
　⒞　国民の権利義務を形成し，またはその範囲を確定することが，法律上認められていること
　⒟　⒞でいう権利義務の形成やその範囲の確定が国民に対し直接行われること

　最高裁の公式に照らして，冒頭事例における建築確認が「公権力の行使」に当たるか検討します。
　建築確認は，⒜建築基準法 6 条に基づいて行われるものであり，⒝新宿区の職員である建築主事の行う行為ですから，地方公共団体が行うものといえます。また，建築確認によって，⒞市民の建築行為が法的に可能となります。⒟建築確認は名宛人である市民（建築確認の申請者）に対して直接に発令され，その権利や義務の範囲を確定するものです。したがって，最高裁の解釈公式に照らし

て建築確認は処分に該当し，取消訴訟の対象となります。

(2) 出 訴 期 間

　利用条件として，取消訴訟には出訴期間の制限が存在します。行政事件訴訟法14条1項は，「取消訴訟は，処分又は裁決があつたことを知つた日から6箇月を経過したときは，提起することができない。ただし，正当な理由があるときは，この限りでない」と定めています。つまり，出訴期間経過後には，市民は処分を争うことができなくなります。これは，明らかに行政に有利な規定です。出訴期間の定めは，処分により形成された法律関係を早期に確定したいという立法趣旨に基づきます。

　以上から，冒頭事例で建築確認取消訴訟を提起する場合，建築確認を知った日から6カ月以内に限り，取消訴訟は提起することが可能です。

(3) 原 告 適 格

　取消訴訟は，原告となる資格のある者によって提起されることが利用条件となります。原告になる資格のことを，**原告適格**といいます。行政事件訴訟法9条1項は，「法律上の利益を有する者」が原告適格を有すると規定しています。この規定の解釈が何度も争われてきました。

(a) 二面関係訴訟

　先ほど，取消訴訟には，二面関係訴訟と三面関係訴訟の2つのパターンがあると説明しました。前者の二面関係訴訟に関しては，処分の名宛人が原告になることについて争いがありません。例えば，営業停止命令を受けたタクシー業者が営業停止命令取消訴訟を提起する場合に，原告となる資格がある点は一般に承認されています。

(b) 三面関係訴訟

　これに対し，争いが多いのが三面関係訴訟の場合です。冒頭事例は，まさにこれに該当します（**図表5**参照）。「処分の名宛人以外」の第三者が，取消訴訟を提起することから，原告の範囲は広く及ぶおそれがあります。こうしたなかで，どの範囲の者に原告として取消訴訟を遂行する資格を与えるのかが，問われているのです（これを**第三者の原告適格問題**といいます）。

　冒頭事例で建築確認が要件を充たしておらず，それが原因で建築物が倒壊したり，火災時に消防車が駆けつけられないとか，住民が避難に支障をきたすというのであれば，近隣住民の生命や財産は危険にさらされることになります。本件では，建築基準法が，こうした保護法益を個々の近隣住民に保障する趣旨であると解釈されました（**法律上保護された利益**）。つまり，冒頭事例において，倒壊や炎上から保護される法益を害された近隣住民は，「法律上の利益を有する者」に該当し，原告適格ありと判断されたのです。

(4)　被告適格

　次に，だれが取消訴訟の被告となる資格をもつのかという問題が存在します。処分をした行政庁（冒頭事例では建築主事）ではなく，行政庁が帰属する**行政主体**（冒頭事例では新宿区）を被告とするのが現行法の採用する方式です（11条1項）。これは，**行政主体主義**とよばれています。国，都道府県，市町村などが多くの場合，被告になります。

Coffee Break　行政庁と行政主体

　権利や義務の主体になるのは，国，都道府県，市町村といった単位です。これを**行政主体**といいます。行政主体は法人の一種です。実際には，様々な構成単位が行政主体のために働いています。市という行政主体であれば，市長，副市長，部長，課長，主査等，様々な単位から構成されています。こうした単位を**行政機関**とよびます。実際には，行政活動はこうした行政機関のチームプレーなのですが，行政に関する法律は，一般に，市長が許可や営業停止命令を発令するとか，建築主事が建築確認を与えるなど，特定の行政機関を指名して権限を与える旨の規定を置いています。このように，法律で処分をする権限を与えられた行政機関のことを，**処分庁**あるいは**行政庁**とよびます。冒頭事例では，建築基準法は建築主事を行政庁（処分庁）と規定していることから，建築確認取消訴訟は当該行政庁（建築主事）の帰属する行政主体である新宿区を被告とすることとなります。

---

4 処分の適法性審査（本案審理）

　以上の利用条件を満たすと，次に本案審理に進みます。本案審理では，行政行為が発令時に適法であったのかが審査されます。冒頭事例では，原告である近隣住民は，建築確認が違法に発令されたという主張をすることとなります。具体的には，建築確認が建築基準法に適合しないことを主張します。

　違法の主張は，法令で定められた処分発動要件や効果の規定に適合するかといった実体法上の問題のほか，行政手続法などに規定されている手続規制に適合していたかという手続法上の問題をめぐって行われます。司法審査を行う際の基準は，法律に規定されているもののほか，法の一般原則として学習した平等原則，比例原則，信頼保護原則など不文の原則も存在します。

5 取消判決の意義

　本案審理の結果，建築確認に違法が存在したと認められた場合には，原告の請求は認容され，取消判決が下されます。冒頭事例では，取消判決の効力として建築確認は裁判所によって取り消され，マンション業者は適法に工事を行うことができなくなります。もはや建築工事の続行はできないのです。

6 取消判決まで原告はどのようにしのげばいいのか（執行停止）

　注意してほしいことは，建築確認に対して取消訴訟が提起されただけでは，建築確認の効力は止まらないということです（行政事件訴訟法 25 条 1 項）。したがって，マンション業者が工事を急ピッチで進めてしまえば，取消訴訟の判決が下される時点には，建物は完成するなど既成事実が作られてしまうのです（その結果，取消しがもはや認められないこともあります）。これでは，原告に不利で，実効的権利救済を図ることはできません。そこで，取消判決が下された場合に権利救済を図ることができるように，**仮の権利救済制度**が設けられました。取消訴訟を例にとると，既成事実の積み重ねを阻止する目的で，行政行為の執

行の停止を命ずる制度が用意されました（**執行停止**制度。執行停止には，処分の効力の停止や手続の続行の停止も含みます）。このように，執行停止は，取消判決を実りあるものとするための補完的手段です。

　原告が取消訴訟の提起後に執行停止を申し立てて，裁判所により認められれば，建築工事をストップした状況下で原告は判決を迎えることができます。

➡質問コーナー

　授業の後，受講者から以下の質問を受けました。各自考えて下さい。

> （Q1）　建築確認が出てから6カ月を過ぎてしまった場合，いかなる場合であっても，近隣住民は行政訴訟を提起することはできないのですか。

　これは，取消訴訟に関する出訴期間制限に例外は存在しないかという質問です。出訴期間を徒過した場合，1つには，行政事件訴訟法14条1項ただし書にあるように，原告が出訴することができなかった特別の事情を説明して，正当な理由ありとして取消訴訟を認めてもらう方法があります。2つには，出訴期間を徒過した場合に利用可能な訴訟類型として，処分無効確認訴訟を提起することが考えられます（**図表3**に挙げた抗告訴訟のうち，②にあたる訴訟類型です）。これは，処分が重大な違法を有しており無効である場合（これを**無効な行政行為**といいます）にまで出訴期間を制限する必要がないのではないかといった観点から，出訴期間経過後であっても行政訴訟提起を許す例外的訴訟手段です。処分無効確認訴訟には出訴期間の制限がない反面，処分（本件では建築確認）が（通常の違法のレベルを越えた）**重大な違法**があったことを原告の側で主張立証する必要があります。この点で，ハードルは上がります。利用できる行政訴訟類型との関係で整理すると，違法な行政行為は**図表8**（次頁）に示したように2つに区分することができます。

図表 8 違法な行政行為の 2 区分

違法な行政行為
　├─取消し可能な行政行為（処分の違法が通常の場合）
　│　　──▶出訴期間内に取消訴訟を提起
　└─無効な行政行為（処分の違法が重大な場合）
　　　　──▶出訴期間徒過後でも無効確認訴訟を提起可能

> （Q2）　行政庁が行うべきではない処分をまさに行おうとしている事例で，処分がまだ出されていない段階で，行政訴訟を提起することは可能でしょうか。

　取消訴訟は，下された処分を対象にして提起するものです。これに対し，（Q2）で問われているのは，これから出されるであろう処分に対しての行政訴訟です（未来形の取消訴訟）。これを可能にするのが，**差止訴訟**です（**図表 3**に挙げた抗告訴訟⑤の訴訟類型がこれに当たります）。差止訴訟は，予防的機能をもっています。もっとも，処分が下された後に取消訴訟を提起する可能性が存在することから，それよりも前の段階で差止訴訟を提起するためには，処分を待って取消訴訟を提起するのでは回復困難な損害が生じてしまうこと（損害の重大性）を原告は示さなければなりません（行政事件訴訟法 37 条の 4 第 1 項・第 2 項）。差止訴訟の典型的な利用例は，不利益処分と同時に処分の名宛人が公表されてしまう場合です。*Chapter 7*で扱った業務停止命令がこの例に該当します（名宛人の公表を定める規定として，特定商取引法 8 条 2 項参照）。

Chapter 14 少 女 の 夢

保育所に通いたい！

　東京都の甲市に住む少女A（5歳）は，気管の手術以降，喉に器具を装着しています。Aは，障害のある（就学前の）児童を対象とする施設に通ってきました。Aの身体的状況・運動能力が次第に改善したこともあり，それまで（重度障害のある）1級であった身体障害の等級も4歳の時に4級になりました（障害の等級は数字が小さいほど重度を意味します）。そのため，医師からは保育所での集団保育を勧められました。医師の診断書によれば，たん等の吸引行為は危険を伴うとしても，看護師が対応することで危険の回避は可能であるとされています。Aはお試しで保育所に通ってみましたが，友達と遊ぶのが楽しく，（お試しで決められた時刻に）早退する際はいつも悲しむようになりました。

　そこで，Aの両親は（看護師の配置された）乙保育所への入所申込みを行いました。しかし，市の福祉事務所長Bは，たん等の吸引措置が必要である点を重視して，適切な保育の確保が困難であるという理由で入所を拒否したのです（**図表1**参照）。Aの両親は保育所に通わせるために裁判で争いたいと考えています（同様の裁判例は，参照，東京地決2006（平成18）年1月25日判時1931号10頁，東京地判2006（平成18）年10月25日判時1956号62頁）。本講では，この事例を素材に，行政訴訟（特に義務付け訴訟）について学習します。

図表1

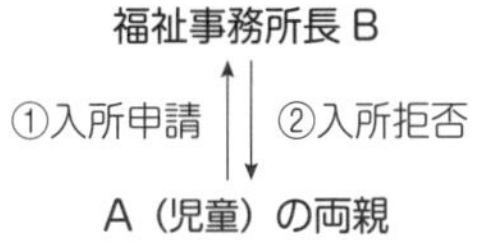

福祉事務所長B

①入所申請 ↓↑ ②入所拒否

A（児童）の両親

1 申請を実現するための裁判

　冒頭事例では，医師が保育所への入所を勧めているにもかかわらず，医学知識のない保育所関係者が受け入れられないとして，市は入所に消極的な態度をとっています。結果として，保育所に通いたい少女Ａの夢は実現できません。福祉事務所長Ｂの申請拒否決定が違法である場合，Ａの入所を実現する手段は存在しないのか。これが本講の課題です。

　市民が許可，認可，サービス，金銭給付等を行政機関から得るために申請を行い，行政機関の審査を経て，承認を得てこれらの給付を取得する仕組みは多数存在します。申請に基づく各種給付システムは，困窮した市民に対する所得再配分の意味をもつ仕組みや市民生活を支援するための仕組みなど，市民にとって心強いものばかりです。したがって，申請が違法に拒否される事態について，市民は対抗手段を利用できることがきわめて重要です。

　伝統的に用いられてきた手法は，申請拒否決定を取り消すよう裁判所に求める訴訟（取消訴訟）です（**図表２**③参照）。冒頭事例でいいますと，福祉事務所長Ｂの申請拒否決定に対する取消訴訟です。拒否決定が違法であるとして裁判で取り消されますと，申請に対する応答行為が存在しない状態に戻りますので，福祉事務所長は改めて申請を審査しなければなりません。この場合に，拒否決定が違法であるとして裁判で取り消されていますので，再度の処分について入所決定が期待できます。しかし，別の理由によって再び拒否することはなお可能です。つまり，取消判決を受けたからといって，入所決定がなされる保障はないのです。かりに，再び拒否決定がなされますと，Ａの両親は（再度の拒否決定に対して）取消訴訟を提起しなければならず，２度目の裁判を強いられます。この点に，申請の仕組みにおいて**取消訴訟の限界**が認められます。つまり，取消訴訟は救済手段としては不十分で，裁判を起こした原告としては，靴の上から足をかいているような気分です。

　こうした取消訴訟の不十分さに着目して，

図表２
甲 市

（伝統的手法）	（新しい手法）
③取消訴訟	③義務付け訴訟 ＋取消訴訟

Ａ（児童）の両親

2004 年の行政事件訴訟法改正で，新たな手法が明文化されました。これが義務付け訴訟です。義務付け訴訟には 2 つの種類がありますが，行政機関が申請通りの決定を行うように裁判所に義務づけてもらう訴訟を，**申請型義務付け訴訟**といいます。冒頭事例において A の両親が申請型義務付け訴訟で勝訴しますと，義務付け判決により，福祉事務所長は A の入所を認める決定をするよう義務づけられます。このように，1 回の裁判で原告は目的を達成できるわけです。義務付け訴訟は**紛争の一回的解決**を可能にすることから，実効的権利救済手段であるといわれます。

2 申請型義務付け訴訟の利用方法

申請型義務付け訴訟を利用する場合のルールとして，原告は義務付け訴訟だけを提起することはできません。冒頭事例では，常に拒否処分の取消訴訟と抱き合わせで提起しなければならないのです（37 条の 3 第 3 項）。これを**併合提起要件**といいます。原告勝訴の場合には，裁判所は取消判決により拒否決定の効力を否定したうえで，義務付け判決で行政機関に給付を義務づけるわけです。

ここまで説明しますと，読者の中には今後は，申請型義務付け訴訟（と取消訴訟の併合提起方式）がもっぱら使われるのではないかと考える方がいるかもしれません。そうではなくて，現行法では，この方式と，（拒否決定の）取消訴訟だけを提起する方式の 2 つが並在していて，原告はどちらの方式を用いるか選択することができます。こうした説明には，違和感があることでしょう。つまり，取消訴訟という旧製品に対して，それを機能アップした義務付け訴訟という新商品が発表されたのに，依然として旧製品と新製品を並行して販売する意味はあるのだろうかという疑問です。しかし，現行法は 2 つの争い方を残しました。その理由は，義務付け訴訟は原告の望み通りの給付機能を果たすことのできる高機能兵器である反面，この訴訟で勝つために原告は多くの汗をかかなければならないからです。簡単にいってしまえば，取消訴訟では原告は 1 つの違法事由を見つけて，それを指摘できれば勝てます。取消判決の後に，再度の申請処理で行政機関が申請を認める公算が大きければ，この方式はコストパフォーマンスが高いものです。他方，義務付け訴訟は裁判所が行政機関に対して

特定の処分をすべきだと義務づけるわけですから，給付のために必要な要件が
法律に複数書かれている場合には，それらをすべて充たさなければなりません。
つまり，行政機関が特定の給付をするほかないところまで明らかにして初めて，
裁判所は義務付け判決を出すことができるのです。そのため，原告は，すべて
の給付要件の充足を自ら主張・立証しなければなりません。こうした事情から，
場面や状況に応じて，原告に選択の道を残したのです。機能は優れているけれ
ども高額な新商品と，機能は劣るけれども安価な旧商品の並行販売，現行法は
そのようなイメージです。

3　仮の義務付け

　義務付け訴訟が利用可能になったと説明しました。もっとも，これで一件落
着とはいきません。というのも，裁判には時間がかかるという事情を考慮しな
ければならないからです。冒頭事例でいいますと，A が救われるのは，義務
付け判決が出た後の話です。裁判を争っている途中で，A は希望の保育所に
通うことはできません。訴訟係属中にも幼児は成長を続けており，保育所に通
いたいと思いながらも争っている最中は通えないのです。裁判に時間がかかり
ますから，義務付け判決が出た時分には小学生になっていたという事態も考え
られます。これでは全く救われないわけです。換言しますと，せっかく勝訴判
決を勝ち取ったとしても，適切な時期に保育所で保育を受ける機会は失われて
しまうのです。そこで，判決までの間にも A が通うことができるようにして，
判決を待つことを許容する仕組みが要請されました（**図表3**参照）。判決が出る
までの間，暫定的に権利救済を図る仕組みのことを，**仮の権利救済**といいます。
義務付け訴訟に関する仮の権利救済手段は，**仮の義務付け**とよばれます。仮の
義務付けは，義務付け訴訟を実り多いものにする仕組みですから，義務付け訴
訟を提起せずに仮の義務付けだけを単独に利用することはできません。

図表3　義務付け訴訟と仮の義務付け

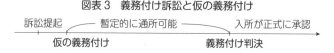

　講義の際に学生からは，判決前に希望の保育所に通うことができる点は，理解が難しいといった意見も聞かれます。注意してほしいことは，それほど簡単に仮の義務付けが認められるわけではないという点です。仮の義務付けが許容されるためのハードルは高いのです。行政事件訴訟法では，義務付け訴訟における勝訴の見込みが条件とされています（37条の5第1項「本案について理由があるとみえるとき」という文言が，このことを意味しています）。なお，義務付け訴訟で仮の義務付けが申し立てられた事案では，仮の義務付けの審理が実質的には主戦場となります。

Coffee Break　取消訴訟と執行停止

　Chapter 13 で学んだように，取消訴訟には，仮の権利救済手段として処分の効力等を停止する**執行停止**制度が整備されています。これは業務停止命令のような不利益処分の場合に，当該命令の効力を停止することができるため，原告は既成事実を作られることなく取消判決を待つことができます。他方，冒頭事例のような申請拒否処分の場合には，拒否処分の効力を停止したところで申請は認容されていませんから，原告は申請した給付を得られるわけではありません（このように，申請拒否処分取消訴訟では，執行停止は仮の権利救済として役に立ちません）。**執行停止の限界**を克服する目的で，仮の義務付けが利用できるようになったのです。

4　原告勝訴のポイント

　冒頭事例においてAの両親が義務付け訴訟で勝訴するためには，2つの関門が立ちはだかります（37条の3第5項）。第1は，併合提起している（拒否決定）取消訴訟で勝訴の見込みが立つことです。つまり，保育所入所申請の拒否決定が違法であるとして取消判決が出ることが，義務付け判決の大前提となります。かりに取消訴訟で勝訴できないとすれば，その時点で義務付け訴訟は終わってしまう（却下）のが裁判実務です。

　第2は，裁判所が判決で行政機関に義務付けを命ずることができるよう，原告は行政機関の作為義務を明確化しなければなりません。換言すると，Aの

申請案件について，福祉事務所長Bには A の入所決定を認める以外に選択肢はなく，A を入所させる義務を負うというところまで，A の両親が主張や立証を尽くさなければならないのです。

　この点は少し難しいので，丁寧に説明することとしましょう。法律では，保育所入所決定は，福祉事務所長Bの行政裁量にゆだねられています。したがって，入所させるか，入所を拒否するかの選択について，Bは判断の余地をもちます。これが出発点です。それにもかかわらず，A の置かれた状況や他の申請者に対する申請処理状況などを考慮すると，A の案件について，適法な裁量権行使としては A を入所させる以外には方法がない（別の言い方をすると，A の入所を拒否すれば裁量権行使として逸脱・濫用と解釈される）という場合が考えられます。こうした場合には，B は入所決定を行う義務を負うということができますので，B の作為義務を前提にして義務付け判決が可能となります。ここまで A の両親が市を追い込んで初めて，義務付け判決を得ることができるのです。冒頭事例に即して説明しますと，専門家である医師が A は健康上の問題がなく保育所で充分やっていけると診断書を出して太鼓判を押していて，たんの吸引も看護師の援助があれば充分可能で，申請した保育所に看護師が配置されています。こうした状況下で，他の条件に関して入所者と同様に条件を満たしている A について，たんの吸引に自信がもてないという理由だけで入所を拒否するのは B の裁量権行使としては濫用であり，B は A を入所させる義務を負うとして義務付け判決が肯定されるのです。

5　沈黙を争う

　市民が申請をして給付を求める場合には，行政の対応として３つのパターンが考えられます。

　1つは，申請通りの給付を決定する場合です。この場合には，申請者は何ら不満がありませんから紛争にはなりません。

　2つは，冒頭事例のように，申請を拒否する場合です。先に説明しましたように，この場合には，取消訴訟又は義務付け訴訟（＋取消訴訟）で争うことが可能です。

　3つは，行政機関が申請に対して沈黙を決め込むパターンです。この場合には拒否決定がないため，取消訴訟を提起しようにも取消しを求める対象が存在しません。こうした場合に対応して，行政機関が申請に対して不作為を決め込むことが違法である旨を裁判所に宣言してもらう訴訟が行政事件訴訟法で定められています。これを**不作為の違法確認訴訟**といいます。これに勝訴すると，行政機関は何らかの応答をするよう義務づけられます。もっとも，行政機関としては何らかの応答をすれば足りるので，申請拒否決定をすることも排除されません。その場合には，申請者は改めて裁判を提起して争う負担を負うことになります。こうした状況を改善する目的で，2004年の行政事件訴訟法改正で，申請に対する不作為の場合にも申請型義務付け訴訟の利用が許容されました。つまり，行政が申請に対して応答しない場合には，不作為の違法確認訴訟にあわせて，**申請型義務付け訴訟**を提起できることとなりました（ここでも**併合提起要件**は存在します）。これにより，原告は１度の訴訟で自己の望んだ処分を得ることができることとなりました。

まとめ

　以上をまとめますと，申請型義務付け訴訟では，次の(a)ないし(b)の形で併合提起要件が定められています（37条の3第3項）。

　(a)　申請に対し何ら応答がない場合
　　　　不作為の違法確認訴訟　＋　申請型義務付け訴訟
　(b)　申請拒否処分が下された場合
　　　　申請拒否処分の取消訴訟　＋　申請型義務付け訴訟

（補講）もう１つの義務付け訴訟

　本講では，ここまで申請型義務付け訴訟について学習してきました。最初に，義務付け訴訟には２種類あると説明しました。もう１つの義務付け訴訟が，**非申請型義務付け訴訟**です。申請型義務付け訴訟と非申請型義務付け訴訟は，名称が似ているため紛らわしいのですが，具体的内容はきわめて対照的です。学

図表 4　非申請型義務付け訴訟の典型例

特定行政庁 E　　　⊂　　　乙市

↓（①規制権限不行使）　　　↖②非申請型義務付け訴訟

市民 C（違法建築物）　　　市民 D（隣人）：法令上の申請権なし

習するうえでのポイントは，紛争状況について絵を描いてみることです。そうすると，両訴訟は使われる局面が全く違うことに気づき，混同するリスクを避けることができます。非申請型義務付け訴訟の典型例について説明します。

> **（補講事例）**　市民 C が違法に建築物の改築を行い，隣に住む市民 D は日照や通風等で不利益を被りました。乙市の行政庁 E は，建築基準法によれば，違法建築物に対して除却等の是正措置を命ずる権限を有しています（同法 9 条 1 項）。しかし，C の改築事案では一向に権限行使の気配がありません。そこで，D は，E が規制権限を C に対して行使するよう義務付けを求める訴訟を提起しようと考えています。

　この訴訟で，原告は違法建築物により不利益を受けている市民 D です（**図表 4 参照**）。D が乙市を被告にして，不利益処分を違法建築物所有者 C に対して発動するよう求めています。この訴訟を分析しますと，紛争状況としては，紛争は乙市，C，D といった三面関係で生じています（**三面関係訴訟**）。次に，D が義務付けを求めている処分の性格に着目して下さい。これは，違法建築物に対する除却命令といった**不利益処分**です。さらに，原告に着目して下さい。訴訟を提起した D は，不利益処分の名宛人ではなく，**第三者**にあたります（**第三者の原告適格問題**が裁判ではしばしば争点になります）。このほか，D は，法令上，不利益処分を行うよう**申請する権利を認められていない**点がポイントです。

　こうした特色を，冒頭事例で扱った保育所入所の事例（申請型義務付け訴訟）と比較して下さい（2 種類の義務付け訴訟が対照的であることは，**図表 5 参照**）。冒頭事例の申請型義務付け訴訟は，申請を拒否された処分の**名宛人**，つまり，**申請権**を有している A の両親が原告であり，行政に対して申請通りの給付を A に与えるよう求めていました。義務付けを求められている行政行為は**申請応諾処分**で，紛争状況から見た場合，行政と申請者の**二面関係訴訟**です。

図表5　2種類の義務付け訴訟

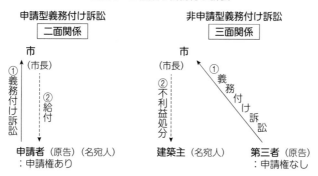

● 行政訴訟を学ぶ 3 ●

Chapter 15　ごみ処理の悩み

行政事件訴訟法

カラスとダストボックス

(事例 1)　甲市では，カラスが回収に出されたごみ袋を早朝から食いちぎり街が汚れることや，カラスが生ごみを餌として繁殖することから，市議会で議論した結果，ダストボックス設置の政策を推進することとしました。これを受けて策定された一般廃棄物処理計画によれば，市はダストボックスに入れられたごみだけを回収することとされました。

甲市に住むＡは，回収日にダストボックスの設置されていない場所にごみを出したところ，甲市の清掃員は回収を拒否し，「ごみはダストボックスに入れて下さい」との注意書きの紙がごみ袋に貼られていました。Ａは市の清掃部局に再三，回収を申し入れましたが，聞いてはもらえません。Ａが行政訴訟を提起する場合，どういった訴えを利用できるでしょうか。

本講では，処分以外の行政活動を争う行政訴訟として，公法上の当事者訴訟について学習します。

図表 1　計画を争う行政訴訟

甲 市	←	Ａ（市民）
一般廃棄物処理計画 （ダストボックスからの回収を規定）		ダストボックス外での回収希望

Chapter 13 及び ***14*** では，行政行為を攻撃対象とした訴訟（抗告訴訟）を学習しました。もっとも，行政活動は行政行為に限られるわけではありません。現代では，行政計画，政令・府省令，行政指導，行政契約など，多様な行政活動

図表2　行政事件訴訟の一覧

```
                      抗告訴訟────── 取消訴訟（無効等確認訴訟を含む）
                      （行訴法3条）
                                  ── 不作為の違法確認訴訟
行政事件訴訟
                                  ── 義務付け訴訟

                                  ── 差止訴訟

                      公法上の当事者訴訟 （同法4条）
```

が存在します。このように，行政の行為形式が多様化していることに対応して，市民が利用可能な訴訟手段も整備される必要があります。本講では，ごみ問題をテーマに，抗告訴訟以外の訴訟として2つの訴訟類型を紹介します。

1　処分以外を争う行政訴訟（当事者訴訟）

⑴　セーフティー・ネットとしての当事者訴訟

　争いたい行政活動が処分（行政行為）の場合には，**図表2**に示したように，取消訴訟，義務付け訴訟，差止訴訟といった抗告訴訟を利用することができます。ところが，**（事例1）**では処分が存在しないため，こうした抗告訴訟は利用できません。行政活動としてターゲットにできそうなのは，一般廃棄物処理計画くらいです。こうした場面を念頭に置いて，処分に該当しない行為形式に対しても権利救済を可能にする趣旨で，**（公法上の）当事者訴訟**（とりわけ確認訴訟）が整備されました。つまり，当事者訴訟を活用することによって，政令や府省令，行政計画，通達，行政契約，行政指導などについても，権利救済を図ることを可能としたのです。以下では，当事者訴訟をどのように用いるのか，具体的に説明します。

⑵　行政計画に対する利用方法

　（事例1）では，甲市を被告として，Ａはごみをダストボックス設置場所以外から回収してもらう権利を有すること（ないしは，甲市がダストボックス設置場所以外からごみを回収する義務を負うこと）の確認訴訟を提起する方法が考えられます。ここでいう確認訴訟は公法上の当事者訴訟の一種です。公法上の当事者

訴訟の被告は，国，都道府県，市町村，特別区といった行政主体で，取消訴訟のような出訴期間制限は存在しません。

　確認訴訟が有用な訴訟手段となる理由を説明します。この争いでは，（ダストボックスからしか回収しないことを明記した）行政計画（甲市の一般廃棄物処理計画）の違法が争われています。この計画が違法であれば，計画は無効になります。計画が無効であれば，Aはダストボックス以外にごみを出したとしても市によって回収してもらうことのできる権利をもつといえます。また，ダストボックス以外の家庭ごみを回収する義務を甲市は負っていることとなります。そこでAは行政計画の不服の訴訟として，こうした権利・義務を確認してもらう確認訴訟を提起することができます。この訴訟で争われるのは権利や義務の存在ですが，それを判断する前提問題として，行政計画の違法を裁判所が審査する点に注目して下さい。すなわち，確認訴訟では，取消訴訟では争うことのできない行為形式，つまり，政令・府省令，行政計画，通達，行政契約，行政指導などの適法性を争うことが可能とされています。

　確認訴訟は，公法上の法律関係（＝権利・義務）の確認を求める訴訟として，「○○の権利や地位を有することの確認訴訟」，「△△の義務を負わないことの確認訴訟」といった形で提起します。

(3)　確認判決の効力

　Aが勝訴して確認判決が下されると，ごみを回収してもらう権利が判決で宣言されます。それと同時に，確認判決の**拘束力**として，甲市の行政機関は判決の趣旨に従い，行政計画を変更する義務を負うこととなります（41条1項，33条1項）。このように，確認判決の拘束力により行政活動の是正が図られます。

(4)　当事者訴訟で通達や行政指導を争う

　それでは確認訴訟についての理解を試す趣旨で，通達や行政指導について確認訴訟を利用することができるか検討してみましょう。

　例えば，国の省庁の局長が出した通達で，ある法律の解釈として一定の活動を行うことを禁止する趣旨であるとの見解が示されました。禁止違反に対して法令で刑罰が科されている場合には，通達で国の解釈が示されたことから，そ

の活動を行うことが市民には難しくなります。こうした場合に，通達で書かれた解釈が違法であり市民はこれに従う義務がないことの確認訴訟を提起して勝訴すれば，違法な通達の是正を勝ち取ることが可能です。

　また，新しく開発された宅地の所有者に開発負担金を払うよう市が（開発指導要綱に基づき）行政指導している事例では，市から開発負担金を（執拗に）要求されます。こうした場合に，要綱の定める開発負担金を払う義務がないことを判決で明示的に確認してもらうことで，違法な行政指導の是正をはかることが可能となります。

(5)　公法上の権利や義務の確認

　公法上の当事者訴訟は，公法上の法律関係の確認を求める確認訴訟として，処分以外の行政活動を攻撃する手段として利用することができます。(4)で挙げた例のほかにも，国籍の確認訴訟，社会保障給付を受ける地位の確認訴訟，公務員・議員の地位確認訴訟や俸給請求訴訟などとしても利用可能です。社会保険，社会保障，公務員・議員の各法律関係は伝統的に「公法上の」法律関係と説かれてきたことから，上に挙げた地位を対象とする訴訟は，民事訴訟ではなく，公法上の当事者訴訟によるべきであると説明されています。

One step ahead ／ 違憲法律の改正を実現する

　日本国内に住所を有していない在外日本人は衆議院小選挙区選出議員選挙や参議院選挙区選出議員選挙で投票できないとしていた公職選挙法について違憲であると主張して，直近の選挙で在外日本人が投票する権利をもつことの確認を求めて公法上の当事者訴訟が提起され，認容されました（最大判2005（平成17）年9月14日民集59巻7号2087頁）。同様に，在外日本人が最高裁判事任命に関する国民審査をできなかった事例で，当事者訴訟が提起され，次の国民審査で在外日本人が審査権を行使できないのは違憲であることが確認されました（東京高判2020（令和2）年6月25日判時2460号37頁）。こうした公法上の当事者訴訟は，形式は権利や地位の確認訴訟ですが，実質的には，違憲な法律を改正するよう立法者を義務づける機能を果たしています。

> ### 税金の無駄遣いの是正
>
> **（事例2）** 乙市では，市内のごみ処分場が数年後には満杯となってしまうため，市内にC処分場の建設を予定しています。市長は，処分場用地として，土地αを購入する契約を締結し，購入代金10億円の支払いを行いました。これに対し，同市内に住むDは，購入金額は相場の5億円と比べて異常に高く，税金の無駄遣いだと強く批判しています。また，同市内に住むEは，乙市では新規の処分場は不要で，環境破壊を伴う処分場など不要だから，土地の購入契約は不要であり，市長は違法に10億円の契約を締結したと批判しています。DやEは市長の違法な行為によって，市は損害を被ったとして，訴訟により市長に損害を賠償させたいと考えています。

2 住民訴訟

⑴ 民衆訴訟としての住民訴訟

　DやEが起こそうとしている行政訴訟（**住民訴訟**とよばれます）は，これまで学習してきた抗告訴訟や当事者訴訟と比べて，かなり性格が異なるものです。抗告訴訟や当事者訴訟は，いずれも権利を侵害された当人が権利救済を訴える点で共通します（市民の権利救済を図ることから**主観訴訟**とよばれます）。これは，裁判所法でいう「法律上の争訟」，憲法でいう「裁判を受ける権利」に含まれます。これに対し，DやEが利用を予定している住民訴訟は，勝訴したところで，損害賠償金は乙市に支払われるだけで，彼らの懐には入りません。したがって，DやEの権利救済といった色彩は薄く，住民訴訟は法律上の争訟に

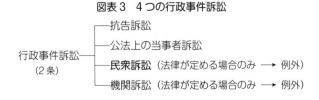

図表3　4つの行政事件訴訟

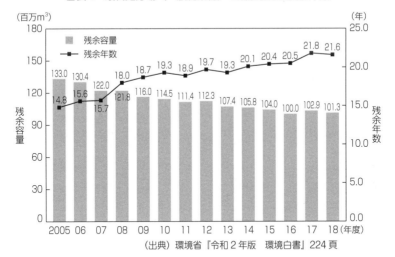

図表4　最終処分場（一般廃棄物）の残余容量と残余年数

（出典）環境省『令和2年版　環境白書』224頁

も裁判を受ける権利にも含まれないものです（**客観訴訟**とよばれることがあります）。別の言い方をすれば，住民訴訟は，地方財務行政の適正な運営を確保するために，地方自治法が特別に設けた仕組み（立法政策の結果）です。住民訴訟と同様の仕組みは，国のレベルには存在していません。

　行政事件訴訟法は，抗告訴訟や当事者訴訟のほかに，法律が定める限りで認められる特別訴訟類型として2種類を規定しています（**図表3**参照）。1つは，住民，選挙民といった一般的な資格で提起することができる**民衆訴訟**です。住民としての資格で提起できる住民訴訟や選挙民として提起できる**選挙訴訟**が代表例です。もう1つは，行政機関相互の関係で提起できる**機関訴訟**です。国の指示を県が争う訴訟などが，この例です。

　本講では，こうした特別訴訟の中で，最もよく利用されている住民訴訟を取り上げます。

Coffee Break　市町村による最終処分場建設

　2018年度末時点で，全国1741市区町村の中で，295市町村が最終処分場をもたずに，民間の最終処分場に委託しています。それ以外の市町村は，自前で最終処分場をもっています（環境省『令和2年版　環境白書』225頁）。

最終処分場の残余容量は，**図表 4**（前頁）のように少しずつ減少しており，新規建設は不可欠ですが，処分場建設には反対運動や紛争が見られます。

(2)　住民訴訟の利用条件

住民訴訟の原告は，その地方公共団体の住民であることが必要です（地方自治法242条の２第１項）。したがって，引っ越しをして住民票を移してしまえば，原告としての資格を失います。もっとも，税金を納めて

図表 5　財務会計行為

ⅰ	公金の支出	行　為
ⅱ	財産の取得・管理・処分	〃
ⅲ	契約の締結・履行	〃
ⅳ	債務その他の義務の負担	〃
ⅴ	公金の賦課・徴収を怠る事実	怠る事実
ⅵ	財産の管理を怠る事実	〃

いることは必要とされません。ＤやＥは乙市の住民ですから，この要件を充たします。

次に，ＤやＥは，直ちに住民訴訟を提起することはできず，それに先だって，監査委員に対して適法な住民監査請求（242条）を行う必要があります（**監査請求前置**。この請求には「行為のあつた日又は終わつた日から１年」と請求期間が定められています）。

さらに，住民訴訟は財務会計の適正化を目的としていますから，行政訴訟のようにすべての行政活動を対象とすることはできません。対象は，財務会計行為とよばれる行為（同条１項）に限定されます。財務会計行為は「行為」と「怠る事実」からなり，具体的内容は**図表 5**を参照して下さい。（**事例 2**）で，ＤやＥは，市による契約締結の違法を主張していますから，この要件を充たします。

住民監査の結果や長のとった措置などに不服で，住民訴訟を提起しようとする場合には，出訴期間の制限があります（監査委員からの「通知があつた日から30日以内」に住民訴訟を提起しなければなりません〔242条の２第２項１号〕）。したがって，住民訴訟を提起するためには，住民監査請求の請求期間に加えて，住民訴訟の出訴期間を遵守する必要があります。

(3)　4 号 請 求

住民訴訟には，４種類の請求が存在します（地方自治法242条の２第１項１号～

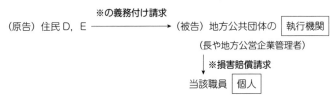

図表6　4号請求の構造

4号)。このうち，最もよく利用されるものが4号請求とよばれるものです。今回，DやEが利用を考えているのも，4号請求です。これは，市に損害を与えた市長に対して市が損害賠償請求をするように，市に義務づけることを裁判所に求める訴訟です。これでDやEが勝訴すると，乙市は市長に対して損害賠償を請求することとなります（**図表6**参照）。

DやEの請求は，乙市が市長に損害賠償請求権をもっていることを前提としています。この損害賠償請求権は，民法上の不法行為に基づく請求権であると理解されていますから，市長の財務会計行為は違法で，故意・過失に基づくことを必要とします。4号請求の結果，市長が数億円といった賠償を命じられたり，議会が市長に対する損害賠償債権を放棄するなどの事例が生じ，問題となりました。2017年6月に地方自治法が改正され，都道府県や市町村は予め条例で一定額以上の賠償について免責することが可能とされました（243条の2）。もっとも，条例であまりに減免をしすぎることのないよう，政令で最低限支払わなければならない限度（賠償責任額）を決めることとしています。

Overview
行政訴訟の一覧

　本書では，**Chapter 13** から **15** にかけて，様々な行政訴訟を学習しました。以下では，訴訟類型ごとに代表例と解説箇所を記しておきます。復習に役立てて下さい。

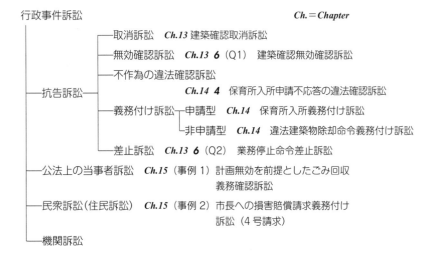

行政事件訴訟　　　　　　　　　　　　　　　　　　　　**Ch.＝Chapter**

├─抗告訴訟──┬─取消訴訟　**Ch.13** 建築確認取消訴訟
　　　　　　　├─無効確認訴訟　**Ch.13 6**（Q1）建築確認無効確認訴訟
　　　　　　　├─不作為の違法確認訴訟
　　　　　　　│　　　　　　　**Ch.14 4** 保育所入所申請不応答の違法確認訴訟
　　　　　　　├─義務付け訴訟┬申請型　**Ch.14** 保育所入所義務付け訴訟
　　　　　　　│　　　　　　　└非申請型　**Ch.14** 違法建築物除却命令義務付け訴訟
　　　　　　　└─差止訴訟　**Ch.13 6**（Q2）業務停止命令差止訴訟
├─公法上の当事者訴訟　**Ch.15**（事例1）計画無効を前提としたごみ回収
　　　　　　　　　　　　　　　　　　　　　義務確認訴訟
├─民衆訴訟（住民訴訟）　**Ch.15**（事例2）市長への損害賠償請求義務付け
　　　　　　　　　　　　　　　　　　　訴訟（4号請求）
└─機関訴訟

Chapter 16 生活の糧を守る

行政不服審査法

役所に再考を迫る

（事例1） Aは離婚後，腰を悪くして勤務ができないため，市の福祉事務所を訪れ生活保護を申請したところ，福祉事務所長により却下されてしまいました。Aは資産もなく，病気や育児で働けず生活に困窮しています。

（事例2） Bは勤務していた会社で取引先からのクレーム処理の業務に就き，ストレスを多く抱えていました。休日も含め，相談記録の整理で深夜まで仕事をこなしていました。そうしたなか，Bは急性心筋梗塞で帰宅直後に倒れ，病院に搬送され死亡が確認されました。Bの妻Cが（遺族に対して年金等として支給される）遺族補償の給付を請求したところ，労働基準監督署長は，Bの死亡が仕事に起因するものではないとして不支給を決定しました。CはBの死は業務における過労に起因すると考え，上記給付の支給を求めています。Bのように過労が原因で脳・心臓の疾患や精神障害などで死亡する過労死の労災請求件数や支給件数は，図表1（次頁）に見るように高い水準で推移しています。

両事例において，AやCはいずれも小さな子どもをかかえ，生活に困窮しています。AやCは，裁判に訴える覚悟でいます。もっとも，裁判は時間やお金がかかるため，できれば裁判以外の手段を利用したいと考えています。

本講では，行政機関に処分の是正を求める「行政上の不服申立て」について学習します。

図表1　過労死等の労災補償状況

（　）内は女性の内数を示す。

		2015 (平成27)年度	2016 (平成28)年度	2017 (平成29)年度	2018 (平成30)年度	2019 (令和元)年度
脳・心臓 疾患	請求件数	795 (83)	825 (91)	840 (120)	877 (118)	936 (121)
	支給決定 件数	251 (11)	260 (12)	253 (17)	238 (9)	216 (10)
精神障害	請求件数	1,515 (574)	1,586 (627)	1,732 (689)	1,820 (788)	2,060 (952)
	支給決定 件数	472 (146)	498 (168)	506 (160)	465 (163)	509 (179)

（出典）厚生労働省『令和2年版　厚生労働白書』231頁

1 行政機関への不服申立て

⑴ **不服申立てによる是正**

　冒頭事例で，AやCは申請拒否決定を受けていますから，希望の給付を受けることができません。そこで，**行政争訟**の手段を用いて拒否決定を

図表2　2種類の行政争訟

行政争訟：違法な行政行為の是正手段

```
┌─行政訴訟           裁判所が審査
└─行政上の不服申立て    行政機関が審査
```

是正することが不可欠になります（**図表2**参照）。第1の是正手段として，公正な第三者機関である裁判所の審査を求め，救済を図る**行政訴訟**があります。これは既に学習しましたので，冒頭事例で，どのような行政訴訟を提起できるか，各自検討して下さい（考え方は，脚注部分に記しておきます）。もう1つの是正手段として，行政機関に不服を申し立てて是正を図る**行政上の不服申立て**があります。これを規定したのが，**行政不服審査法**です。今回，AやCは，裁判以外の救済手段を望んでいますので，以下では行政上の不服申立てを検討します。

　＊これらの場合，拒否決定に対する取消訴訟の提起という方法か，申請した給付の義務付け訴訟に拒否決定取消訴訟を併合提起する方法の2つが考えられます。

(2) 不服申立てのメリット

不服申立制度は，簡易迅速な権利救済手段であることが特徴とされています（行政不服審査法1条）。つまり，裁判と比べて手続が簡略なために，審査請求の申立人は早く結論を得ることができ，訴訟費用がかかることはありません。もう1つの大きな特色として，行政訴訟では行政活動の適法性がもっぱら審査されるのに対し，不服申立てでは適法性に加えて合理的な判断であったかを審査することができます（**当・不当の審査**）。こうした差異の理由は，司法権に属す裁判所が当・不当の問題まで審査すると三権分立原則に反するのに対し，行政機関が審査を行う不服申立てであれば，当・不当の問題まで審査したとしても同原則違反が生じない点にあります。

2 処分に対する審査請求

(1) 申請処理の処分

（**事例1**）及び（**事例2**）は，いずれも法律に基づき行われた申請に対し，行政機関が拒否決定を行ったものです。福祉事務所長や労働基準監督署長のように処分（行政行為）を行った機関を**処分庁**とよびます。ここでいう拒否決定は，**申請に対する応答処分**であり，行政行為に当たります。処分に対しては，**審査請求**という不服申立てが用意されています。福祉事務所長や労働基準監督署長の拒否決定に不服がある場合には，（Aの事例に関しては）都道府県知事に，（Cの事例に関しては）都道府県労働局に置かれている労働者災害補償保険審査官に，審査請求を申し立てることができると法定されています（原則は処分庁の最上級行政庁に審査請求するのですが，AやCの事例はいずれも法律が特別に請求先を指定している例外に当たります）。上記の知事や審査官のように，不服申立ての審査を行う行政機関を**審査庁**とよびます。審査請求は，決定があったことを知った日の翌日から起算して3カ月以内に行わなければなりません（このように不服申立てが可能な期間は制限されていて，この期間を**不服申立期間**といいます）。

なお，冒頭事例以外でも，（本書でこれまで扱ってきた）申請に対する応答処分に関して審査請求を行うことが可能です。例えば，出産後も勤務を続けたいと考え，長女を預かってもらおうと認可保育所へ申請したところ，保育の必要性

図表3　２種類の処分

処分 ┬─ 申請に対する応答処分（例，生活保護申請処理，保育所入所申請処理，
　　　│　　　　　　　　　　　遺族補償給付申請処理，行政文書開示申請処理等）
　　　└─ 不利益処分　　　　　（例，業務停止命令，違法建築物の除却命令等）

が認められないとして入所拒否決定が市長によりなされた場合には，当該決定に対する審査請求が可能です。このほか，申請に対して処分庁が何も応答しない場合には，応答をしないという不作為に対して審査請求が可能です。

(2)　不利益処分

　申請への応答処分のほかにも，**不利益処分**に対して審査請求の申立ては可能です（処分類型に関しては，**図表3**を参照）。例えば，訪問販売業者が消費者庁長官から業務停止命令を受けた事例で，命令が違法または不当である場合には，当該業者は業務停止命令に対する審査請求を申し立てることができます。

Coffee Break　第三者の行う審査請求

　申請への応答処分（つまり，申請の認容処分と拒否処分）について，審査請求の対象になると説明しました。この点に関して，読者の中には，審査請求が必要なのは申請

図表4　第三者の提起する審査請求

建築主事 ◀
建築確認 ↓　　　　　　審査請求
建築主 D　　　　　　隣人 E

拒否決定の場合だけではないかと疑問に思った方がいるかもしれません。しかし，申請認容決定の場合でも，審査請求の事例は存在します。例えば，第三者が審査請求を申し立てる場合です。

　具体的には，Dが建築確認を申請し，これが市の建築主事により認容された結果，建築確認対象地の隣人Eが建築によって通風や日照を妨げられることが考えられます（**図表4**参照）。このような場合に，Eは違法ないし不当を理由に建築確認を取り消すよう，審査請求を申し立てることができます。取消訴訟で第三者の原告適格問題を扱いましたが，審査請求でもEについて**不服申立適格**が認められるのかという問題が存在します。これは，原告適格と同様の方法で解釈されます（*Chapter 13* 参照）。

---

3 公正な審理

　行政不服申立ての特色として，審理の公正性を挙げることができます（行政不服審査法1条）。以下では，公正性を確保する仕組みについて概観します。

(1) 距離を確保する仕組み
(a) 審理員

　処分に対して不服が申し立てられた場合に，その処分に関わった職員が不服審査の処理にあたるとすれば，公正な見直しは期待できず，審査手続に公正な外観を保つこともできません。そこで，不服申立案件について調査を行い見直し案を作成する職員には，処分関係者とは別の者を任命することが望ましいと考えられています（不服申立ての審理の公正性を高めるために，処分に関与した者とは別の者に審理を担わせるべきという考え方を**職能分離**とよびます）。そうした考えから制度化されたのが，**審理員**の仕組みです。国のレベルでは，処分の発令に関わった担当課職員とは別の総務課課長などを任命することで職能分離が図られています。他方，地方公共団体では，同様の仕組みを採用しているところもあれば，県や大規模市では，審理員に弁護士を当てるとか，退職した職員OBを任命することで分離を図っているところも見られます。これに対し，町村など小さな地方公共団体では，人員に制約があるため，やむをえず（処分を担当した）課の中で審理員を任命しつつも，担当する職務の範囲や指揮監督の系列を処分課とは運用上区分することで分離を実現する工夫が進められています。このように，通常の指揮監督関係や処理過程とは切り離された審理員が，処分庁や不服申立人の意見を聴取し，調査を進め，見直し案（これを**審理員意見書**といいます）を作成します。

(b) 行政不服審査会

　審理員意見書を踏まえて，審査庁が不服申立てに応答をするという仕組みも考えられます。しかし，これでは，不服申立ての過程が行政職員のみによって占められることとなり，公正性，独立性といった点で弱い部分が残ります。そこで，行政不服審査法は，行政機関の外部者であって議会の承認を得た委員か

らなる**行政不服審査会**を国に設置す
ることとしました。この審査会が審
査庁からの**諮問**を受けて，審理員意
見書をベースに調査・審議を行い，
答申を出します。その答申を踏まえ
て審査庁が裁決を下すシステムが採
用されています。答申は審査庁を法
的に拘束するものではありませんが，
実際には審査庁によって尊重されて
います（情報公開に関しての実績でい
えば，審査会が専門家で構成されること，

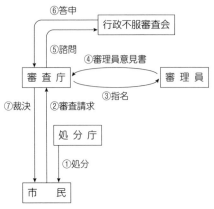

図表 5　審査請求の審理過程

答申が公表されること，答申と異なる裁決を審査庁が採用する場合には説明責任を負う
ことなどが，答申が審査庁によって尊重される背景となっています）。このように，
第三者の視点を入れて，公正性・透明性を高める趣旨で制度設計がなされてい
ます。以上のプロセスを示したのが，**図表 5** です。

　国のレベルでは，法律に基づき両議院の同意を得て総務大臣の任命した委員
からなる行政不服審査会が設置されています。他方，都道府県や市町村でも，
行政不服審査条例等に基づき，同様の組織が設置されています（行政不服審査
法 81 条）。

One step ahead／**審査会答申を読んでみよう**

　裁判所が出す判決については，その位置付けや意義，判決内容の妥当する
射程範囲，問題点などを分析した判例評釈が確立し，数多く公表されていま
す。これに対して，審査会の出す答申に関しては，法学的考察が十分とはい
えません。最近では，答申研究の分野を開拓する特集が論究ジュリストで組
まれたほか（次頁参照），同誌 36 号（2021 年）からは，毎号 2 件ほどの答申
研究が掲載される企画がスタートしています（行政不服審査会答申研究）。ぜ
ひ，目を通して下さい。

(2) 手続上の権利保障

行政不服審査法は，審査請求人や参加人（審査請求に参加する利害関係者）について，手続上の権利を保障しました。これは，審理員の審理手続，行政不服審査会の審査手続という2つの局面で認められています。

審理員の審理手続では，審査請求人や参加人は，審理員に対して，①証拠書類等の提出，②物件の提出要求，③参考人の陳述及び鑑定の要求，④検証，⑤審理関係者への質問について，申立てが可能です（32条～36条）。

審査会の審査段階では，審査請求人や参加人は審査会に対して，①申立てをして口頭意見陳述を行う権利（75条1項），②主張書面もしくは資料を提出する権利（76条），③審査会に提出された主張書面や資料を閲覧し，複写等を交付するよう請求する権利（78条1項），④答申の写しを受ける権利を有しています（79条）。

特集 **2** Special Feature 2

行政不服審査会 答申を読み解く

行政不服審査会設置から3年余り。審査会では様々な判断がなされているが，法曹関係者を含め，幅広い層に理解しやすいものになっているとは言い難い。本特集では，審査会答申の中から重要なものを取り上げて評釈を行い，審査会答申への理解を深めるとともに，その課題についても検討する。

（出典）論究ジュリスト32号（2020年）89頁

(3) 冒頭事例の場合

（事例1）では，行政不服審査法に基づき，審理員や行政不服審査会が不服申立ての審理に関与するほか，上述の手続上の権利が A に保障されています。

145

　これに対し，**（事例2）**では，不支給決定の根拠法である労働者災害補償保険法が，行政不服審査法における審理員や行政不服審査会の規定を適用しないと定めています（労働者災害補償保険法39条）。これは，不服審査手続を別途，「労働保険審査官及び労働保険審査会法」で定めているからです。このように，一般法である行政不服審査法を個別法で**適用除外**する場合があるので注意して下さい。

Coffee Break　一般法としての行政不服審査法？

　行政不服審査法は，行政手続法や行政機関情報公開法，行政事件訴訟法などと並んで，行政通則法であり一般法であるといわれます。一般法とは，特定の行政分野に限定されず，広範な行政諸領域を対象に，原則的な取扱いを定めたものです。もっとも，仔細に見ますと，行政不服審査法は一般法としての性格が弱いということができます。その理由は，審査請求で多くを占める課税処分や労働保険，社会保険にかかる処分について，個別法が行政不服審査法を適用除外して独自の規定を置いているほか，行政不服審査法が定める例外が多いからです（後述のように，再審査請求や不服申立前置などの例外が多く法定されています）。

4　裁　　決

　審査請求に対する審査庁の最終的結論は，**裁決**によって示されます。裁決には，認容，棄却及び却下の3種類が存在します。裁決を理解するうえでは，行政訴訟の判決（*Chapter 13* の **2** 参照）と比較すると学習が進みます。

　AやCの事例では，拒否決定が違法又は不当である場合には，認容裁決により処分の取消しが可能です（行政不服審査法46条1項，労働保険審査官及び労働保険審査会法18条）。拒否決定が適法で妥当である場合には，棄却裁決がなされます。他方，審査請求が利用条件を満たしていない場合には，却下裁決が出されます。なお，注意を要する点は，審査請求が権利救済手段である性格から，審査請求人の不利益に処分を変更する裁決が許されないことです（行政不服審査法48条。不利益変更の禁止）。

5　行政訴訟との使い分け

処分（例えば，申請拒否処分）が出され
た事案において，処分の名宛人は，直ち
に地方裁判所に行政訴訟を提起すること
もできれば，審査庁に審査請求を申し立
てることもできます。このように，原則
として両者を自由に選択することが可能
です（これを**自由選択主義**とよびます）。

冒頭事例で挙げたAやCに対する拒
否処分も，行政不服審査法が定めた原則

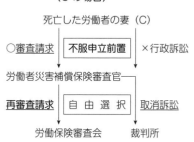

図表6　不服申立前置と再審査請求
（Cの場合）

によれば，AやCは審査請求と行政訴訟を選択できるはずです。しかし，個
別の法律が例外を定めている場合には，例外が優先します。AやCの事例で
は，法律が，拒否処分に対して直ちに訴訟を提起することを認めずに，審査請
求を行うことを義務づけています（生活保護法69条，労働者災害補償保険法40条）
（**図表6**参照）。このように個別法が例外的に不服申立制度の利用を義務づける
ことを，**不服申立前置**とよびます。不服申立前置では，審査請求をして棄却裁
決（ないし却下裁決）が下された場合に初めて，地方裁判所に行政訴訟の提起が
可能となります。

不服申立前置は，課税処分などの大量処分の場合に，その不服を審査庁によ
って処理させ裁判に持ち込まれることを抑えること，また，裁判に持ち込まれ
た場合でも，審査庁の判断過程で紛争や争点が整理されていることに期待して
法定されたのです。さらに，個別法で設置された特別な専門機関の判断にゆだ
ねる趣旨で，不服申立前置が法定される場合もあります。

Coffee Break　例外的な不服申立て

行政不服審査法の定める原則的な不服申立ては，審査請求です。法律が定
めていれば，例外として，それ以外の不服申立類型（①再審査請求及び②再
調査の請求）の利用が可能です。

①　**再審査請求**　AやCの事例は，法律の規定により，いずれも再審査請求が可能であり，例外にあたります。つまり，都道府県知事の裁決にAが不服である場合には，厚生労働大臣に対して再審査請求することが可能です（生活保護法66条1項）。同様に，労働者災害補償保険審査官の裁決にCが不服である場合には，労働保険審査会に対して再審査請求することができます（労働者災害補償保険法38条1項）。もっとも，再審査請求が認められることは，審査請求人に再審査請求という選択肢が1つ増えるといった趣旨であり，その利用まで義務づけられるわけではありません。つまり，審査請求の裁決後に，再審査請求を行うか，取消訴訟を提起するかは，審査請求人の選択にゆだねられています（前頁**図表6**参照）。

②　**再調査の請求**　国税に関する処分（例えば，税務署長が行った更正決定など）の場合，国税不服審判所長に対する審査請求が定められています（**図表7**参照）（ここでも，不服申立前置が法定されています）。納税者は（国税不服審判所長に対する）審査請求のほか，希望すれば，処分庁である税務署長に対して再調査の請求を行うこともできます（国税通則法75条1項1号イ）。再調査の請求という仕組みは，課税の根拠とされた事実の存否など，事実関係を主に争いたい場合には，処分庁である税務署長を相手に再調査を請求することにも合理性があるという立法判断に基づき設けられました。したがって，法律解釈など法律問題を争いたいのであれば，再調査の請求ではなく，審査請求を選ぶことが可能とされています（国税通則法75条1項1号ロ）。

図表7　再調査の請求（国税に不服がある場合）

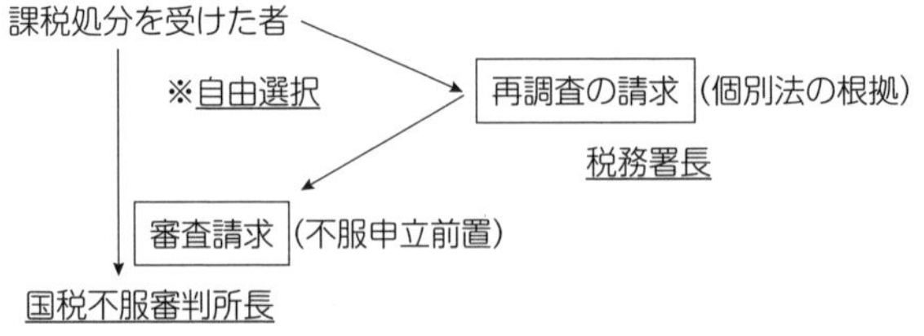

Chapter 17　ピラミッド崩壊

学校事故と損害賠償

　学校の運動会や体育祭において，組み体操が実施されてきました。なかでも，児童や生徒が四つんばいの姿勢で積み重なる「ピラミッド」や肩の上に立って円塔を作る「タワー」では，高さを競う傾向が見られました。近時，こうした組み体操による事故が多く報道されています。

　2015年5月には，千葉県松戸市で3段のタワー最上段から落下した小学6年生児童が頭蓋骨を骨折し，開頭手術の結果，一命をとりとめたといった事故が発生しています。また，同年9月には，大阪府八尾市の市立中学校で10段のピラミッドが崩れ，1年生の男子生徒が右腕骨折の重傷を負いました。10段のピラミッドは高さ7メートルにも及びます。

　こうした事故を契機に，事故件数のデータが発表されました。災害共済給付金の請求事務を扱う日本スポーツ振興センターによれば，組み体操事故による負傷者は，2014年度で8592件にのぼります（2011年から4年連続で8000件を超えています）。千葉県では，1年間で112人が骨折しました。また，千葉県松戸では2015年5月から9月に，市内の小中学校で組み体操により64名がけがを負っています（うち10名は骨折）。同様に，大阪府八尾市では，組み体操を実施している小中学校44校で2015年までの10年間で139人が骨折しました（特定の中学校では骨折者は20名にのぼります）。他方，愛知県では，2013年4月以降の3年間で396人が重傷を負っています（うち小学生は310名）。

　組み体操実施の判断は，これまで各学校に任されてきました。事故を受け

て，一部の地方公共団体はその制限に乗り出しました。例えば，大阪市は2015年9月に，タワーは3段まで，ピラミッドは5段までといった制限を設けました。しかし，段数規制によっても事故が相次いだため，2016年度からはタワーやピラミッドを禁止することを決めました。2016年に入ると，千葉県の柏市や流山市，松戸市，さらには東京都でも，教育委員会がタワーやピラミッドについて禁止の方針を打ち出しました。

　本講では，組み体操によって市立学校の生徒が重傷を負った事例を素材に，国や地方公共団体に損害賠償を請求する仕組み（国家賠償）を学びます。

1　学校事故と損害賠償請求

　冒頭事例では運動会における組み体操を例に挙げました。このほかにも，学校では，体育の授業や運動部の活動において事故が発生しています。特に，中学校や高校においては，運動部の活動による死亡事故や重度の障害事故が顕著です。種目としては，柔道で最も多く，野球やバスケットボール，ラグビーで件数が多くなっています。

　児童や生徒が学校事故で損害を被った場合に，損害賠償を求める方法について，国公立学校の場合と私立の学校とでは異なります。例えば，先生による違法な教育活動が原因で被害が発生した事例を考えてみましょう。指導監督が民間企業（学校法人）の教員の活動による場合には，民法715条に基づいて，使用者である学校法人に損害賠償を求めることができます（**図表1**）。他方，冒頭事例のように市立学校の教員（公務員）の活動による場合には，国家賠償法1条に基づいて，当該公務員の属する公共団体（市）に対

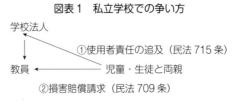

図表1　私立学校での争い方

学校法人
①使用者責任の追及（民法715条）
教員 ← 児童・生徒と両親
②損害賠償請求（民法709条）

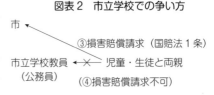

図表2　市立学校での争い方

市
③損害賠償請求（国賠法1条）
市立学校教員 ──✕── 児童・生徒と両親
（公務員）　　（④損害賠償請求不可）

して国家賠償を請求します（**図表2**）。

このように，加害行為者が「**公権力の行使に当る公務員**」（国家賠償法1条）に該当するか否かによって請求の根拠条文が異なります（**図表3**参照）。

図表3 請求の根拠条文
加害行為者が公権力の行使にあたる公務員か
```
┬─ Yes → 国家賠償法1条による請求
└─ No  → 民法715条による請求
```

注意してほしいのは，加害行為者が公権力の行使にあたる公務員であろうとなかろうと，損害賠償請求は可能である点です。加害行為者が公権力の行使にあたる公務員に該当すれば，国家賠償法1条に基づき国又は公共団体に請求することができます。他方，該当しない場合には，民法715条に基づき使用者に損害賠償を請求することが可能です。

民法715条に基づく請求の場合，加害行為者（＝教員）を被告とした賠償請求が認められます。これに対し，国家賠償法1条に基づく請求の場合には，加害行為者である公務員を相手方とする損害賠償請求は最高裁判決により不適法とされています（最判1955（昭和30）年4月19日民集9巻5号534頁）。したがって，市立学校における組み体操事故で，児童・生徒と両親は，指導にあたった教師を被告として国家賠償請求をすることができません。つまり，当該教員が属する市を被告に国家賠償請求をしなければならないのです。

このように，国家賠償法1条責任の事例では，加害公務員は被告席に立たされることはなく，所属する公共団体が被告になります。

Coffee Break 学校施設の不備による損害

教師の行為によってではなく，学校施設の不備に起因して事故が生ずる場合が存在します。例えば，鉄棒やサッカーのゴールポストが腐食していて児童・生徒がけがを負った場合です。この場合にも，損害賠償の方法は国公立の学校と私立学校とで異なります。私立学校の場合には，民法717条に基づく損害賠償請求（工作物責任）によるのに対し，国公立学校の場合には，国家賠償法2条所定の**公の営造物の設置管理の瑕疵**（不備のことです）を主張して損害賠償を請求します。国家賠償法2条に基づく損害賠償責任は，学校施設の不備に基づく事故のほかにも，道路，河川，国公立公園の管理などに

不備がある事例で認められています。

2 学校教育と公権力の行使

(1) 通説としての広義説

●国家賠償法
第1条① 国又は公共団体の公権力の行使に当る公務員が，その職務を
行うについて，故意又は過失によつて違法に他人に損害を加えたときは，
国又は公共団体が，これを賠償する責に任ずる。
② 前項の場合において，公務員に故意又は重大な過失があつたときは，
国又は公共団体は，その公務員に対して求償権を有する。

　学校事故に国家賠償法1条1項を適用する場合には，国公立学校における教育活動が**公権力の行使**に該当するかが解釈問題になります。この問題について，3つの見解が存在します。1つは，この概念を行政事件訴訟法における用語法にならって，行政行為や行政上の強制執行など，処分に限定して解釈するものです（**狭義説**といいます）。これに対して，第2の見解として，最高裁は，行政指導や通達，情報提供行為，（国公立学校における）学校教育活動などの非権力的な活動（処分に該当しない行政活動）や省令制定行為についても「公権力の行使」に含めて解釈してきました（これを**広義説**といいます）（最判2007（平成19）年11月1日民集61巻8号2733頁〔通達〕，最判2004（平成16）年4月27日民集58巻4号1032頁〔省令〕）。なお，最高裁によっても，純粋な経済活動や医療行為などは私経済活動であるとして，国家賠償法1条1項の適用は否定されています（つまり，民法715条による損害賠償請求が肯定されます）。第3の見解として，広義説の対象範囲に加え，私経済活動や医療活動までをも含めた行政活動のすべてを「公権力の行使」に含める見解（**最広義説**といいます）が存在します。3つの見解の射程範囲を図示したのが，**図表4**です。

(2) 国公立学校における教育活動

　広義説を前提にした場合，次の(ア)から(エ)に挙げられた学校教育にかかわる行

図表4 公権力の行使概念の範囲

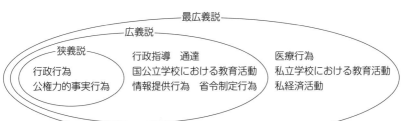

為はいずれも国家賠償法1条1項でいう公権力の行使に当たります。

　(ｱ)　市立中学校教員による体育指導　　市立中学校の体育授業中に，助走を伴うプールへの飛び込みを指導した点について教師の注意義務違反を認め，市の損害賠償責任が肯定されました（最判1987（昭和62）年2月6日判時1232号100頁）。

　(ｲ)　市立中学校の課外クラブ活動における教師の監督

　(ｳ)　公立小学校における朝自習時間中における教師の指導監督　　朝自習の時間に，市立小学校の3年生の児童Aは，教室後方にあるロッカーから自分のベストが落ちているのに気づき，席を立ってこれを拾った後，ベストの襟部分をもって頭上で弧を描くように振り回したところ，ベストのファスナー部分が児童Bの眼に当たりBが負傷しました。担任教師Cは教室にいましたが，複数の児童から忘れ物の申告等を受けており，Aの離席や事故発生には気づきませんでした。この事例において，Cの指導監督行為は公権力の行使に該当すると解されています（最判2008（平成20）年4月18日判時2006号74頁〔教師の過失は否定〕）。

　(ｴ)　学校給食の提供　　市立小学校で出された学校給食（冷やしうどん）に含まれていた貝割れ大根が腸管出血性大腸菌O-157に汚染されていたため，この給食を食べた6年生の児童Dが脳内出血で意識不明となり，敗血症で死亡しました。この事例で，「児童としては，昼食として学校給食を喫食する以外に選択の余地は事実上な」いと学校給食の性格を判示したうえで，総額約4500万円の損害賠償を認めた裁判例があります（大阪地堺支判1999（平成11）

年9月10日判タ1025号85頁）。

　これらの裁判例を前提とすると，冒頭事例の組み体操における教師の指導も，国家賠償法1条1項にいう公権力の行使に該当します。

(3)　不作為を理由とする国家賠償責任

　公権力の行使と聞くと，行政活動の実施，つまり作為を想像しがちです。しかし，国家賠償法1条1項にいう公権力の行使には，作為のみならず不作為も含まれます。実際，行われるべき行政活動が行われなかったために，市民に損害がもたらされた事例は枚挙にいとまがありません。国家賠償法1条に関する裁判例の中でも，公務員の不作為について賠償責任が争われた事例は多数存在します（Coffee Break 参照）。したがって，冒頭事例で，組み体操の指導にあたった教師や体育祭の企画にあたった教師が事故防止に向けた注意義務を怠り，なすべき指導を行わなかった場合に，不作為を理由に同条に基づき国家賠償を請求することが可能です。

Coffee Break　不作為に基づく国家賠償事例

　これまで，不作為を理由に国家賠償責任が認められた裁判例は少なくないことを説明しました。以下では，代表例を紹介します。

(1)　安全措置の懈怠

　①　警察官が他人の生命ないし身体に危害を及ぼす蓋然性の高い者からナイフを一時保管する措置を行わないこと（＝危険防止措置の不作為）を理由に，安全措置の懈怠が違法とされました（最判1982（昭和57）年1月19日民集36巻1号19頁）。

　②　警察官が海岸に打ち上げられた砲弾の回収に向けて，他機関に要請するなどの積極的行動をとらなかったこと（＝不作為）が違法とされました（最判1984（昭和59）年3月23日民集38巻5号475頁＝新島砲弾事件）。

(2)　規制権限の不行使

　③　筑豊じん肺訴訟では，鉱山労働者に対する危険を防止するための省令制定を怠った点について，省令改正権限の不行使に基づく賠償責任を最高裁は肯定しています（最判2004（平成16）年4月27日民集58巻4号1032頁）。

　④　水俣病関西訴訟において，国や熊本県の職員が工場排水を規制する権

限を行使しなかったことを理由として，国と熊本県の賠償責任が認められました（最判2004（平成16）年10月15日民集58巻7号1802頁）。

3 公務員の故意・過失

　国家賠償法1条1項に基づく責任が認められるためには，公務員（学校事故では教員）に故意又は過失が存在したことが必要となります。以下では，公立高校について国家賠償責任を肯定した裁判例を紹介します。結果回避の可能性があったにもかかわらず，それを怠ったことを理由として教員の過失が認定されている点に注目して下さい。

　県立高校の体育大会で採用された8段ピラミッドの練習を授業で行っていたところ，6段目を組み上げたところでピラミッドが崩壊し，最下段中央部の生徒が下敷きとなりました。当該生徒は頸椎骨折などのけがを負い，身体障害等級1級の後遺障害が残りました。この事例で，指導教諭の過失が認められています。裁判所は，8段ピラミッド成功の困難性，8段ピラミッドに内在する危険性，8段という大規模ピラミッド採用の不要性，8段ピラミッドが下段生徒にもたらす荷重の大きさ，段階的練習を経ていない経緯などに言及し，崩壊による障害事故発生は容易に予見できたと判示しています。そのうえで，事故発生の回避義務を学校長や教諭は怠ったとして，県に1億2931万円あまりの損害賠償を命じました（福岡地判1993（平成5）年5月11日判タ822号251頁。控訴審である福岡高裁も県の責任を認めました。福岡高判1994（平成6）年12月22日判タ879号236頁）。

　冒頭事例でも，ピラミッドやタワーに関する危険性が報道され認識されているなかで，十分な指導や体制をとらずに組み体操が実施されたことが原因で事故が生じたとすれば，指導教員の過失を認定することが可能です。

One step ahead / 加害公務員に対する求償権

　市立学校の教員が生徒に損害を負わせた場合に，教員は国家賠償請求訴訟の被告にならず，市が被害生徒に賠償金を支払います。この場合に，教員がわざ

と加害行為を行うとか（故意の場合），甚だ
ひどい注意義務違反により加害行為を行った
とき（重過失の場合）には，賠償金を支払っ
た市が加害者である教員に対して支払った賠
償金を支払うよう求めることができます（国
家賠償法 1 条 2 項。これを**求償権**といいます）
（**図表 5** 参照）。

図表 5　求償権の構造

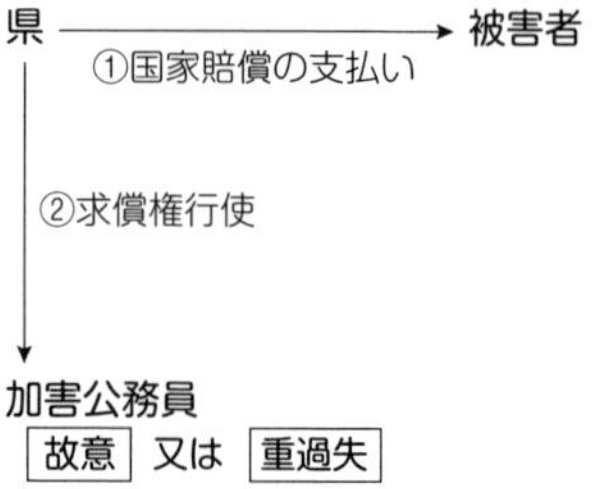

県 ──────────→ 被害者
　　①国家賠償の支払い

　　②求償権行使

↓

加害公務員
故意 又は 重過失

　これまで，一般に求償権は国や公共団体に
よって行使されてきませんでした。しかし，故意や重過失のある教員に対して
まで賠償を免除して，税金で被害救済を行うことに，最近では市民の目が厳し
くなってきました。一例を挙げますと，県立高校の剣道部の練習中に部員が熱
射病を発症して死亡に至り，県が損害賠償を支払った事例で，顧問教師が部員
に意識障害が生じているにもかかわらず演技であると決めつけ，剣道の指導を
続けて救急車を呼ばなかったことについて**重過失**を認め，県による顧問教師へ
の求償を認めた裁判例があります（福岡高判 2007（平成 29）年 10 月 2 日判例地
方自治 434 号 60 頁）。

Overview
行政救済制度の一覧

　制度の概観を目的に，行政救済法の仕組みを図にしました。行政救済法は，行政活動の是正を図る行政争訟の分野と，行政活動によって生じた損失の補塡を金銭で図る**国家補償**の分野からなります。国家補償の分野では，違法な行政活動による損害の補償を対象とした**国家賠償**と，適法な行政活動によって生じた損失を補償する**損失補償**の２領域が存在します。本講で学習した学校事故は違法な指導に基づく点で，国家賠償の領域に属します。国家賠償には，公権力の行使によるもの（国家賠償法１条１項）と公の営造物の設置・管理の瑕疵によるもの（国家賠償法２条）があります（151頁 **Coffee Break** 参照）。冒頭事例の組み体操の事故は前者の例です。

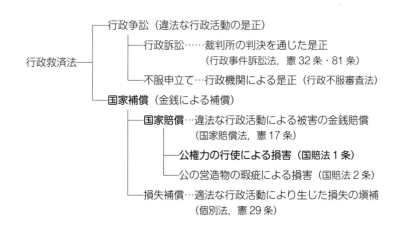

行政救済法────行政争訟（違法な行政活動の是正）
　　　　　　　　├──行政訴訟……裁判所の判決を通じた是正
　　　　　　　　│　　　　　　　　（行政事件訴訟法，憲32条・81条）
　　　　　　　　└──不服申立て…行政機関による是正（行政不服審査法）
　　　　　　　├──国家補償（金銭による補償）
　　　　　　　　├──国家賠償…違法な行政活動による被害の金銭賠償
　　　　　　　　│　　　　　　　　（国家賠償法，憲17条）
　　　　　　　　│　├──公権力の行使による損害（国賠法１条）
　　　　　　　　│　└──公の営造物の瑕疵による損害（国賠法２条）
　　　　　　　　└──損失補償…適法な行政活動により生じた損失の塡補
　　　　　　　　　　　　　　　　（個別法，憲29条）

Chapter 18　津波から命を守る

先人の知恵と多重防御

　岩手県下閉伊郡（しもへいぐん）普代村（ふだいむら）にある防潮堤および普代水門は，2011年3月11日の東日本大震災においても，津波被害から住民の生命や住居を守りました。このことは，多くのマスメディアによって注目を集めたところです。防潮堤内部における死者はゼロで，住宅への浸水被害も免れることができました（日本経済新聞2011年4月1日電子版）。この村は三陸沿岸に位置しており，過去にも1896（明治29）年の明治三陸地震，1933（昭和8）年の昭和三陸地震で大きな津波を経験し，きわめて多数の生命が失われた場所です（160頁の図表2参照）。こうした教訓から，海に防潮堤を建設する一方で，沿岸部には高さ15.5メートル，総延長205メートルという東北最大級の水門が12年にも及ぶ工事を経て，1984（昭和59）年に完成しました。

　防潮堤や普代水門の建設といった防災事業を推進した人物が，和村幸徳（わむらこうとく）村長（当時）です。村長は事業を進めるにあたり，水門建設予定地の取得について，地権者から同意を得ることができませんでした。しかし，村長は，集落や小学校などの公共施設を津波被害から守るために，この事業はどうしても実現しなければならないと考えていました。そこで，**土地収用**により強制的に建設予定地を取得することを決断しました。村長の意向を受けて，1980年4月26日に岩手県知事は土地収用法に基づき事業認定申請書を建設大臣（当時。現在の国土交通大臣）に提出し，同年7月22日には普代海岸高潮対策事業として，建設大臣により事業認定がされています。**事業認定**

とは，土地収用を用いてでも実現することが可能な事業として認定する**行政行為**です。これにより，土地収用がこの事業で利用可能とされたのです。

　本講では水門建設を可能にした土地収用という行政活動について，その特色や利用条件を学習します。あわせて，適法な行政活動によって生じた損失を救済する損失補償について理解を深めます。

図表1　普代村の防災事業（イメージ）

津波

太平洋

水門

集落　防災林　　　防潮堤

多重防御

1　多重防御によるリスク管理

　わが国では，これまでも多くの地震被害を経験してきました。明治以降の大きな地震を挙げたものが**図表2**（次頁）です。近年では，2011年3月11日の東北地方太平洋沖地震で大きな津波被害を経験しました。こうした災害を通じて，1つの防災措置に頼るのではなく，ある防災措置が十分でなかった場合を想定して他の防災措置を用意するなど，二の矢，三の矢を用意する対策の重要性が強調されています。これを**多重防御**とよびます。興味深いことに，すでに普代村の事業の中に，多重防御の考え方を看て取ることができます（**図表1**参照）。まず，海に作った防潮堤により津波の力を弱めようとしています。続いて，15メートルを超える巨大な水門を建設しておき，防潮堤を越えて津波が到達した場合であっても，水門を閉めることにより津波を受け止めようとしています。東日本大震災では，実際には津波は水門を乗り越えてしまいました。しかし，水門が存在することにより威力を弱められた津波は，その後，

図表 2　主な地震被害

※ Mw：モーメントマグニチュード

災　害　名		年　月　日	死者・ 行方不明者数
濃尾地震	(M8.0)	1891 年(明治 24 年)10 月 28 日	7,273 人
明治三陸地震津波	(M8½)	1896 年(明治 29 年) 6 月 15 日	約 2 万 2,000 人
関東大地震	(M7.9)	1923 年(大正 12 年) 9 月 1 日	約 10 万 5,000 人
北丹後地震	(M7.3)	1927 年(昭和 2 年) 3 月 7 日	2,925 人
昭和三陸地震津波	(M8.1)	1933 年(昭和 8 年) 3 月 3 日	3,064 人
鳥取地震	(M7.2)	1943 年(昭和 18 年) 9 月 10 日	1,083 人
東南海地震	(M7.9)	1944 年(昭和 19 年)12 月 7 日	1,251 人
三河地震	(M6.8)	1945 年(昭和 20 年) 1 月 13 日	2,306 人
南海地震	(M8.0)	1946 年(昭和 21 年)12 月 21 日	1,443 人
福井地震	(M7.1)	1948 年(昭和 23 年) 6 月 28 日	3,769 人
十勝沖地震	(M8.2)	1952 年(昭和 27 年) 3 月 4 日	33 人
1960 年チリ地震津波	(Mw9.5)	1960 年(昭和 35 年) 5 月 23 日	142 人
新潟地震	(M7.5)	1964 年(昭和 39 年) 6 月 16 日	26 人
1968 年十勝沖地震	(M7.9)	1968 年(昭和 43 年) 5 月 16 日	52 人
1974 年伊豆半島沖地震	(M6.9)	1974 年(昭和 49 年) 5 月 9 日	30 人
1978 年伊豆大島近海の地震	(M7.0)	1978 年(昭和 53 年) 1 月 14 日	25 人
1978 年宮城県沖地震	(M7.4)	1978 年(昭和 53 年) 6 月 12 日	28 人
昭和 58 年(1983 年)日本海中部地震	(M7.7)	1983 年(昭和 58 年) 5 月 26 日	104 人
昭和 59 年(1984 年)長野県西部地震	(M6.8)	1984 年(昭和 59 年) 9 月 14 日	29 人
平成 5 年(1993 年)北海道南西沖地震	(M7.8)	1993 年(平成 5 年) 7 月 12 日	230 人
平成 7 年(1995 年)兵庫県南部地震	(M7.3)	1995 年(平成 7 年) 1 月 17 日	6,437 人
平成 16 年(2004 年)新潟県中越地震	(M6.8)	2004 年(平成 16 年)10 月 23 日	68 人
平成 20 年(2008 年)岩手・宮城内陸地震	(M7.2)	2008 年(平成 20 年) 6 月 14 日	23 人
平成 23 年(2011 年)東北地方太平洋沖地震 　　　　　　　　　　　　　　　 (Mw9.0)		2011 年(平成 23 年) 3 月 11 日	2 万 2,010 人
平成 28 年(2016 年)熊本地震	(M6.5) (M7.3)	2016 年(平成 28 年) 4 月 14 日 4 月 16 日	273 人
平成 30 年北海道胆振東部地震	(M6.7)	2018 年(平成 30 年) 9 月 6 日	43 人

（出典）内閣府『令和 2 年版　防災白書』附属資料 5

水門上流部に設けられた防災林によって受け止められました。津波は，水門か
ら 200 メートルほど上流位置で停止したのです。このほかにも，居住者を（海
岸から離れた）集落に移転させる措置や，津波を集落とは異なる方面へと誘導
する措置もとられていました。結果として，生命を守ることができたのです。
　以下では，多重防御の中核をなす水門に焦点を当てて，その建設について考
察を進めます。

2 土地収用とは何か

⑴ **任意取得と土地収用**

　わが国では，公共事業のために土地が必要な場合，事業主体は一般には売買契約により市民から土地を購入します（これは民法に基づく契約です）。契約に基づく土地取得は，相手方市民の任意の意思を尊重して行われることから，**任意取得**とよばれます。通常は，任意取得の方法で，粘り強く売買交渉がなされています。その結果，事業に長期間を費やしたり，なかには事業が頓挫することも少なくありません。任意取得がうまくいかない場合に，どうしても事業を実現する必要があると考える事例において，事業主体は，土地所有者の意思に反してでも強制的に土地を取得することが必要であると考える場合があります。そのための強制取得が**土地収用**です。

用語解説

　土地収用に関連して，もう少し詳しく学習することとしましょう。公共性の高い事業のために，市民の権利に対して制約を加える行為は，伝統的に**公用負担**の名称でよばれました。これには3種類が存在します。1つは，将来実施される事業に支障が出ないように，特定の土地において堅固な建物を建てることを禁止するなど，権利行使に制約を課すものです。これは，**公用制限**とよばれます。第2は，事業のために強制的に財産権を取り上げるもので，財産権を金銭と交換する**公用収用**です（土地所有権を金銭と強制的に交換する土地収用が代表例です）。第3は，市民の土地を事業のために強制的に取り上げたうえで，事業整備後の土地と強制的に交換する**公用換地**があります（つまり土地と土地との強制交換です）。

図表3　公用負担の類型

```
公用負担─┬─公用制限（例：公共事業に伴う建築制限）
         ├─公用収用（例：土地収用）
         └─公用換地（例：土地区画整理事業における換地処分）
```

> ## Coffee Break　私企業が行う事業のための土地収用
>
> 　土地収用というと、国や地方公共団体が行う道路事業など、行政機関の実施する事業に限定されるという印象をもつかもしれません。しかし、土地収用を用いて行うに足りる公共性の高い事業であれば、電力会社の行うダム建設事業、鉄道会社の行う線路高架事業、ガス会社の行う施設建設事業などでも土地収用の利用は可能です。別の言い方をしますと、収用事業を実施する事業者には、国、都道府県、市町村のみならず、電力会社や鉄道会社、ガス会社などの私企業も含まれるわけです。

(2)　法律の根拠

　土地収用は、公共性の高い事業のために市民の土地所有権を当該市民の意思に反して（つまり強制的に）奪い、土地所有権の移転を図る活動です。換言すれば、財産権を侵害する行為としての特質をもちます。そこで、土地収用は行政機関だけの判断で実施することはできず、法律の根拠を必要とします。これは、**法律の留保原則**による要請です。かくして、**土地収用法**が制定されました。

(3)　公共的利益の増進

　土地収用で留意すべき点は、第1に、法律の根拠に基づき財産権を奪うことができるとしても、憲法上保障された財産権の剥奪を正当化できるだけの具体的理由が必要であることです。特定の市民に特別な犠牲を強いることとなってもやむをえないと考えることができるほどの**公共的利益**が収用事業に求められます。冒頭事例でいえば、村民の生命や財産を津波から守るために、水門用地として特定の土地がどうしても必要であるという公共性です。第2に、水門用地として取り上げるだけでは、市民の側に大きな損失が残ってしまい、財産権を保障しているとはいえない状況となります。そこで、財産権が憲法で保障されていることの結果として、損失を埋め合わせるに足るだけの補償が土地所有者に対して提供されなければなりません。

　憲法29条3項は、「私有財産は、正当な補償の下に、これを公共のために用ひることができる」と定め、補償を条件に土地収用を許容しています。同様に、

土地収用法は1条（目的規定）で，公共の利益が私的利用に優越することを確認することや補償を行うことの必要性をあげています。

> ●土地収用法
> **第1条** この法律は，公共の利益となる事業に必要な土地等の収用又は使用に関し，その要件，手続及び効果並びにこれに伴う損失の補償等について規定し，公共の利益の増進と私有財産との調整を図り，もつて国土の適正且つ合理的な利用に寄与することを目的とする。

(4) 損 失 補 償

　水門建設のために私有地を収用された者は，自己の財産権を侵害されたこととなります。そこで，損失を埋め合わせる手法として，金銭補償を請求する方法が考えられます。このように，金銭の支給により権利救済を図る手法を**国家補償**とよんできました。国家補償は，権利を奪う行為が違法か適法かによって，2つに区分されます（図表4参照）。*Chapter 17* で見たように，市立学校教師の違法な指導により組み体操で健康を侵害された者が市に賠償を求めるのは，違法行為に基づく**国家賠償**の代表例です。他方，適法行為によって権利が侵害される場合についても，金銭補償を求めることが必要です。本件では，水門を建設する行為自体は適法ですが，それにより特定の者の土地所有権が奪われます。この代償を求めるものが**損失補償**です。国家賠償については，**国家賠償法**という一般法があります。これに対して，損失補償は，個別法において損失補償の規定を置くのが一般的です（最高裁は，損失補償規定を欠く財産権規制立法の場合には，直接憲法29条3項に基づいて損失補償を請求することができると解釈しています〔最判1968（昭和43）年11月27日刑集22巻12号1402頁〕）。損失補償を規定した法律の中で最も整備され，詳細な規定を置くのが**土地収用法**です。

図表4　国家補償法の体系

国家補償（金銭の支給を通じた権利救済手段）

```
├─国家賠償    憲法17条      国家賠償法        違法行為
└─損失補償    憲法29条3項    土地収用法等の法律  適法行為
```

3　土地収用の仕組み

図表5　土地収用の流れ
①事業認定（大臣）──→ ②収用裁決（都道府県収用委員会）

　土地収用では，まず，収用を用いてでも実施すべき事業であることを認定する**事業認定**がなされます。その後に，**収用裁決**が行われます。このように，土地収用の行政過程は事業認定と収用裁決の2段階で構成されています。

⑴　事 業 認 定

　冒頭事例でも水門建設用地の土地収用にあたり，事業認定がなされています。事業認定を行うための条件は，土地収用法20条で規定されています。第1に，1号によれば，3条各号に挙げられた収用適格事業であることが必要です。この点に関して，3条10号の3は収用適格事業として津波防護施設事業を定めています。第2に，2号から4号に挙げられた要件を充たすことが必要です。ここで注目してほしいのは，4号で「公益上の必要」といった抽象的な規定が置かれている点です。これは，個別事例における行政機関の判断を尊重する趣旨であると一般に解釈されています。こうした規定を**裁量規定**とよんでいます。このように，「公益上の必要」の判断は行政機関の**行政裁量**にゆだねられています。もっとも，行政裁量が認められたからといって，行政機関が恣意的に判断していいことにはなりません。行政機関が専門的知見に基づき，個別事業の利害状況を的確に判断することを立法者は期待して行政機関の裁量にゆだねたわけですから，そうした期待に反した場合（＝裁量権の行使に逸脱・濫用が認められた場合）には，行政機関の裁量権行使は違法の評価を受けます（**裁量権の逸脱・濫用**）。

> **●土地収用法**
> **第20条**　国土交通大臣又は都道府県知事は，申請に係る事業が左の各号のすべてに該当するときは，事業の認定をすることができる。
> 　一　事業が第3条各号の1に掲げるものに関するものであること。

> 二　起業者が当該事業を遂行する充分な意思と能力を有する者であること。
>
> 三　事業計画が土地の適正且つ合理的な利用に寄与するものであること。
>
> 四　土地を収用し，又は使用する公益上の必要があるものであること。

⑵　収 用 裁 決

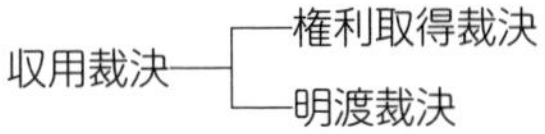

事業認定の後に，収用裁決という行政行為が行われます。収用裁決には２種類が存在します。1つは，（収用対象）土地の所有権を市民から（公共事業の施行者である）起業者に移転させ，あわせて，権利取得にかかる補償金額を定めるものです。これを**権利取得裁決**といいます。もう１つは，当該土地を起業者に明け渡す期限を設定し，あわせて明け渡しに伴う補償金額を決定する**明渡裁決**です。

図表 6　収用裁決の種類

収用裁決┬─権利取得裁決
　　　　└─明渡裁決

4　損 失 補 償

⑴　完 全 補 償

土地収用が行われた場合には，土地所有者という特定人の犠牲の上に，多数市民の生命や健康を確保しようとするわけですから，税金をもって所有者の損失塡補を図るべきです。これが**損失補償**です。損失補償は，金銭で行うのが原則です。また，財産権保障の観点から，近傍で同等の土地を求めることができるだけの金額であることが損失補償金には要求され，**完全補償**の趣旨と理解されています。最高裁は，土地収用の損失補償額について次のように判示しています（最判 1973（昭和 48）年 10 月 18 日民集 27 巻 9 号 1210 頁）。

> 「完全な補償，すなわち，収用の前後を通じて被収用者の財産価値を等しくならしめるような補償をなすべきであり，金銭をもつて補償する場合には，被収用者が近傍において被収用地と同等の代替地等を取得することをうるに足りる金額の補償を要する」。

このように，損失補償額は客観的に定まることから，損失補償の算定につい

て収用委員会には裁量権は認められていません（最判 1997（平成 9）年 1 月 28 日
民集 51 巻 1 号 147 頁）。

⑵　公平な補償

　損失補償の支払いは，公正に
行われることが必要です。例え
ば，冒頭事例で水門建設対象地
に A と B の 2 名が土地を有し

図表 7　土地収用法における価格固定制

事業認定の告示　　　　　　　　　　　権利取得裁決
価格固定　　━━━━━━━━━━━▶　損失補償額
　　　　　物価変動率による修正

ていて，A は事業認定が告示された時点で買収に応じ，他方，B は損失補償額
等に不満を述べ，損失補償の支払いが A よりもずっと遅れたとします。その
間に地価が上がったりしますと，結局，ごねた B が得をして，素直に買収に
応じた A が損をすることになります。損失補償にあたっては，収用を受けた
者の間で公平が保たれることが必要です。そこで，土地収用法 71 条は，事業
認定の告示時点で損失補償額を固定し，この固定額をベースに，その後の権利
取得裁決時までの物価変動に合わせて金額を調整するという計算ルールを定め
ています（**図表 7** 参照）。したがって，早期に買収に応じても，後から応じても，
補償金額に差異は生じないこととなります。

> **●土地収用法**
> **第 71 条**　収用する土地又はその土地に関する所有権以外の権利に対する
> 　　補償金の額は，近傍類地の取引価格等を考慮して算定した事業の認定の
> 　　告示の時における相当な価格に，権利取得裁決の時までの物価の変動に
> 　　応ずる修正率を乗じて得た額とする。

Coffee Break　価格固定制は憲法違反？

　事業認定時点の価格で補償金額を固定する現行法に対しては，憲法違反で
はないかといった批判が提起されました。つまり，事業認定以降に地価が高
騰した場合には，損失補償を受ける権利取得裁決時には（収用された土地と）
同等の土地を取得できないといった批判です。これに対し，最高裁は支払請
求制度に着目して合憲判断を下しています（最判 2002（平成 14）年 6 月 11
日民集 56 巻 5 号 958 頁）。支払請求制度は，価格固定された時点以降，土地

所有者は請求すれば補償金を受け取ることができるとするものです。これを利用すれば，土地所有者は収用裁決まで待つ必要はないわけで，早々に支払請求をして補償金を手にして近傍に類似の土地を取得することができます。この点を重視して，最高裁は価格固定制を合憲と判断しました。

⑶　土地所有者に対する配慮

　このほかにも，土地所有者の立場に配慮した対応策が法律で定められています。1つ紹介しますと，水門予定地としてある者の所有地の9割が収用されたとします。この場合に，残り1割の土地については，形が悪くなる，狭小となる，間口が狭くなる，袋地になる，道路に接続できなくなるなどの理由で，価格が下がることがあります。こうした場合には，残地に生じる損失についても補償を行う措置が法定されています（74条）。これを**残地補償**といいます。

Coffee Break　みぞかき補償

　道路用地として土地所有者Cから土地を収用し，道路を建設した場合，建設工事による盛り土や切り土等により，道路と隣接土地との間に高低差が生じて，隣接土地所有者であるDが通路を設置せざるをえなくなったり，みぞ，かきを設けざるをえなくなることがあります。そうした工事費用をDに対して補償するのが，**みぞかき補償**です（93条）。

5　土地収用と権利救済

⑴　事業実施に不服の場合

　これまで，水門建設のための土地収用が適法であることを前提に説明してきました。しかし，人間が行うことですから，違法に土地収用が行われることもあります。例えば，津波のおそれが高くないにもかかわらず，地元業者に建設工事を受注させる目的で関係者が事業を計画したような場合です。ここでは，特定市民に犠牲を強いてまで事業を行う必要性や合理性は存在しません。そのようなときには，収用対象土地の所有者は，行政訴訟により，事業実施自体に不服を唱えることができます。具体的には，事業認定といった行政行為や権利

図表 8 収用裁決（権利取得裁決）に関する行政訴訟

取得裁決といった行政行為（より正確には，そのうちの権利取得を決定した部分）を対象に，取消訴訟を提起することができます（**図表 8** ②(a)参照）。土地所有者が取消訴訟に勝訴して事業認定が取り消された場合には，行政機関の収用権限が否定されます。また，権利取得裁決が取り消されれば，（収用により生じた）所有権の移転が否定されます。

(2) 補償額に不服の場合

(1) の不服のほかにも，補償金額をめぐって，しばしば紛争が生じます。例えば，土地所有者が，水門建設のための収用事業について納得したものの，自分の土地に対する損失補償額が低すぎて完全補償になっておらず，違法であるといった不服をもつ場合です。この場合には，土地所有者は起業者を被告に，損失補償の増額を求めて裁判を起こすことが可能です（**図表 8** ②(b)参照）。

Coffee Break 形式的当事者訴訟

図表 8 ②(b)の補償金額にかかる不服の訴訟は，県の収用委員会が行った収用裁決に対する不服を内容としていますから，実質は公権力の行使に対する不服の訴訟（つまり**抗告訴訟**）に当たります。したがって，補償金額に不満をもつ土地所有者は，県を被告に権利取得裁決取消訴訟を提起して争う筋合いのものです。しかし，土地収用を実施すること自体について土地所有者に不服はなく，もっぱら金銭額をめぐる紛争であるとすれば，起業者と土地所有者との間で争えば足りるという考え方も存在します。こうした観点から，立法者は両者の間で補償金額について争う当事者訴訟を訴訟方式として法定しました（土地収用法 133 条 3 項）。このように，補償額に関する訴訟は，抗

告訴訟の実質をもつにもかかわらず，立法者が法律で当事者訴訟の形式を指定したという意味で，**形式的当事者訴訟**とよばれています。

> **●土地収用法**
> **第133条③** 前項の規定による訴え（収用委員会の裁決のうち損失の補償に関する訴えを指す〔著者注〕）は，これを提起した者が起業者であるときは土地所有者又は関係人を，土地所有者又は関係人であるときは起業者を，それぞれ被告としなければならない。

One step ahead / 高額な土地補償費を回避する

　東京の都心部などでは，土地価格が高いため，損失補償まで考えると都市改造の事業はなかなか進みません。以前，政府の審議会で隣席した開発会社幹部の方は，都心の再開発事業に大学卒業後に関わったそうで，「今完成を見ることができるのは，常務まで務めることができたからで幸せなんです」と話して下さったのが印象的です。つまり，会社員人生には収まらないくらい，折衝には時間がかかるのです。こうした難問を回避するために，損失補償という形で土地所有権価格を顕在化させないようにする手法が工夫されました。

　1つは，河川などの上に高速道路を計画する手法です。道路下の用地は河川ですから，収用の問題は生じません。1964年のオリンピック開催前に，東京の高速道路整備で活用されました。日本橋の上を通る都市高速を見て下さい。

　2つは，地中の奥深くに地下鉄や道路を計画する手法です。大深度地下という仕組みです。民法では土地所有権は土地の上下に及ぶと書いてありますが，その範囲を地下部に関しては法律で制限したうえで，所有権の及ばない地下を利用する手法です。この結果，東京の地下では，モグラもびっくりするくらい地下都市が発展しているのです。

　3つは，立体道路という手法です。高層ビルの一部を道路が貫通する形で，道路と高層ビルの共存を図る方式です。虎ノ門ヒルズなどは，こうして完成しました。これにより，長年止まっていた環状道路も完成に至ったのです。

索　引

＊裁判例の略記

最判	最高裁判所判決	民集	最高裁判所民事判例集
高判	高等裁判所判決	刑集	最高裁判所刑事判例集
地判	地方裁判所判決	判時	判例時報
地決	地方裁判所決定	判タ	判例タイムズ

（大阪地堺支判は，大阪地方裁判所堺支部判決を意味します）

◆ 著者紹介

大 橋 洋 一（おおはし　よういち）

1959 年　静岡県静岡市生まれ
1988 年　東京大学大学院法学政治学研究科修了（法学博士）
現　在　学習院大学法務研究科教授，九州大学名誉教授

〈主要著書〉

『行政規則の法理と実態』（有斐閣，1989 年）
『現代行政の行為形式論』（弘文堂，1993 年）
『行政法学の構造的変革』（有斐閣，1996 年）
『対話型行政法学の創造』（弘文堂，1999 年）
『都市空間制御の法理論』（有斐閣，2008 年）
『対話型行政法の開拓線』（有斐閣，2019 年）
『行政法Ⅰ　現代行政過程論［第 4 版］』（有斐閣，2019 年）
『法学テキストの読み方』（有斐閣，2020 年）
『行政法Ⅱ　現代行政救済論［第 4 版］』（有斐閣，近刊）

社会とつながる行政法入門［第 2 版］

2017 年 10 月 10 日　初　版第 1 刷発行
2021 年 9 月 30 日　第 2 版第 1 刷発行

著　者　大　橋　洋　一
発行者　江　草　貞　治
発行所　株式会社　有　斐　閣

郵便番号 101-0051
東京都千代田区神田神保町 2-17
電話　（03）3264-1314〔編集〕
　　　（03）3265-6811〔営業〕
http://www.yuhikaku.co.jp/

印刷・株式会社理想社／製本・牧製本印刷株式会社